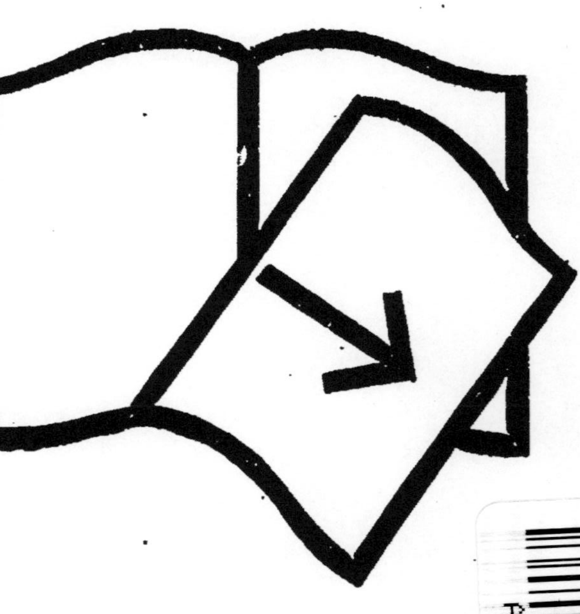

VALABLE POUR TOUT OU PARTIE DU
DOCUMENT REPRODUIT

LA
SOCIÉTÉ ESPAGNOLE

Paris. — Imprimé par E. Thunot et Ce, rue Racine, 26.

LA
SOCIÉTÉ ESPAGNOLE

PAR

CHARLES YRIARTE.

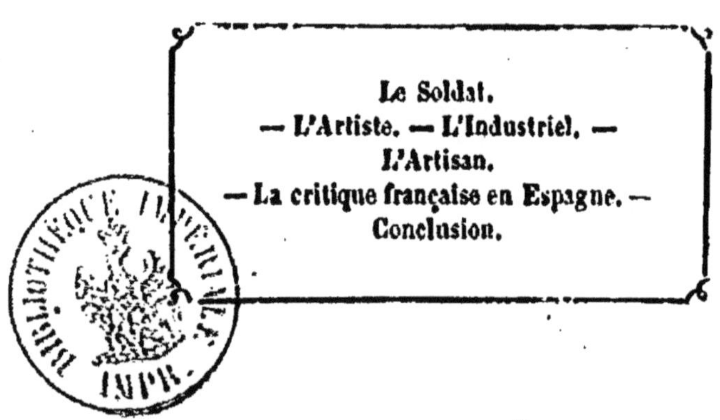

PARIS

DRAMARD-BAUDRY ET Cᵉ, ÉDITEURS,

RUE BONAPARTE, 12.

—

1861

AU LIEUTENANT-GÉNÉRAL

DON MARTIN IRIARTE.

LA SOCIÉTÉ ESPAGNOLE

—•◦❀◦•—

I

LA SOCIÉTÉ. — UN SALON. — LES ÉTRANGERS. — LA CONVERSATION. — EL TRATO.

Il ne suffit pas qu'un peuple ait abandonné ses coutumes pittoresques, les habitudes qui lui étaient particulières, son costume et ses usages, pour qu'il ait perdu tout le génie qui lui est propre, et son caractère particulier.

S'il en était ainsi, le peuple espagnol serait aisément confondu avec ses voisins. Son costume est le même, sa physionomie et ses manières peuvent aisément se confondre.

Il est aussi difficile aujourd'hui, par le temps de nivellement qui court, de reconnaître un grand d'Espagne d'un agent de change français, un membre de la chambre des lords d'un baron allemand. Mais on ne dépouille pas son caractère comme on ôte son habit, et je crois que l'homme lui-même est aussi différent en Espagne d'un homme d'un pays tout autre, qu'il y a un ou deux siècles.

La société espagnole, par conséquent, ne ressemble nullement à la société française, à la société allemande ou à la société anglaise, et l'étranger un peu observateur, qui vivra quelque temps dans les salons de Madrid ou dans les tertulias de Séville, sera frappé à chaque instant de l'immense différence qui existe entre cette société et celle des autres pays de l'Europe.

Je ne puis juger que par comparaison, et ma nation étant celle que je connais le mieux, s'il m'arrivait parfois (et ce sera le moins souvent possible) de faire quelque rapprochement, c'est la France que je prendrai pour point de comparaison.

Considérant les choses au point de vue élevé, le point de vue social, je proclamerai tout d'abord l'esprit démocratique de la haute société. Que ce mot de démocratie n'alarme personne, je ne parlerai pas politique.

Un étranger arrive en Espagne ; ses manières sont celles d'un homme comme il faut ; sa tenue convenable, son extérieur décent, et son langage celui d'un homme bien élevé ; si une première relation née du hasard, ou de quelque autre cause, lui permet d'être introduit dans un salon ; le voici d'emblée assimilé à tous ceux qui ont déjà leur place marquée depuis longtemps dans le cercle où il vient d'entrer. Il a voix au chapitre, et, s'il confirme par un aperçu intelligent, par une manière d'être simple et vraie, la faveur qu'on lui fait en l'accueillant dans ce milieu : le voilà désormais inféodé ; il fait partie du cercle de famille. Il est issu d'une souche honorable, mais qui ne s'est recommandée par aucune célébrité, il ne compte parmi ses aïeux, ni valeureux soldat, ni homme d'État éminent, ni grand politique, ni artiste transcendant, ni heureux financier. En un mot, il n'est pas né, comme on disait en France sous madame de Sévigné, et comme on dit encore aujourd'hui à Saint-Pétersbourg.

Qu'importe? Ici, ce n'est pas un blason qu'on lui demande, c'est un habit noir.

Le valet de chambre n'annoncera même pas et vous sauvera cette rougeur de l'homme timide qui craindrait d'entendre son nom bien obscur après celui des Medina-Cœli ou des D'Ossuna.

Un jeune orateur, un médecin obscur aujourd'hui, célèbre demain, un jeune artiste qui a envoyé hier à l'exposition sa première toile; un jeune officier qui n'a pas encore sur la poitrine ce que nous nommons en France *l'étoile des braves*, voilà ceux qui se mêleront aux représentants des plus grandes maisons de l'Espagne.

Dans un instant, tous ces nouveaux venus se confondent, l'artiste, accoudé à la cheminée, est en conversation fort animée avec la marquise de N.....; l'avocat tient tête au Trésillo, à un duc, son client et à un ministre.

Tout se mêle et se confond sans pédanterie, sans morgue, sans arrière-pensée.

Bientôt la conversation se généralise. Écoutez-la. Quelle franchise dans les opinions émises !

Quel scandale soulèverait dans un salon de Paris, la manière simple dont cette jeune personne aux grands yeux rêveurs, vient d'exprimer sa manière de voir dans une question de sentiment !

Elle a raisonné, non pas d'après les grands arguments de notre société, froide et spéculatrice, mais d'après les sentiments nés d'un cœur droit et sincère. Quelle voix s'élèvera pour lui faire un crime d'avoir émis une opinion subversive pour les hommes cosmopolites qui sont habitués à la fusion des races, et qui ont perdu leur originalité au frottement de tant de peuples divers.

Les sujets le plus souvent effleurés dans les conversations sont toujours comme en Italie, je parle de l'Italie de Stendhal et de la société florentine et milanaise, l'amour et l'art.

Les gens appelés sérieux causent politique, régénération sociale, etc. ; mais la partie vivace de la réunion, les jeunes hommes, les jeunes filles roulent toujours dans ce cercle d'idées fraîches et éternelles comme la nature.

Au lieu de commenter les faits extérieurs, ils ont au dedans d'eux-mêmes toute leur politique, ils ont assez d'épier et d'observer la marche des sentiments qui leur sont propres.

Et, dans quelle forme ! avec quelle charmante exagération ! Les mots les plus rédondants et les plus pompeux sont employés pour caractériser des choses toutes simples et qui n'avaient pas besoin d'être peintes de couleurs si voyantes. Mais prenez-vous-en plutôt à l'abondance et à la chaleur propres à la langue espagnole.

Les éclats de rire frais et sonores se font entendre, la joie est naturelle, la voix simple ; chacun se sent chez soi et parle à son voisin comme à un ami.

Cherchez la cause de cette franchise et de cette bonhomie, elle est d'un haut enseignement pour nous.

Personne en Espagne ne se crée de ces devoirs lourds à porter, qui consistent à faire des visites inutiles ou à assister aux réunions des personnes chez lesquelles les appelle uniquement la convenance. Si quelqu'un fréquente un salon, c'est que son cœur ou sa sympathie l'y attire. Pas de ces conventions sociales, pas de ces craintes de froisser un homme à la cheminée duquel on ne sera pas venu s'accouder une heure le soir. Une passion vous a envahi, un plaisir vous a sollicité, les affaires vous ont retenu, un livre à écrire vous a impérieusement attaché à votre foyer, un voyage vous a éloigné, ou même une femme aimée vous interdit telle societé que vous voyez trop; en un mot, vous avez disparu des mois entiers sans donner signe de vie.

Le jour où le livre est fini, où les nœuds se sont rompus, vous revenez frapper à la porte de la maison délaissée : le maître ou la maîtresse de la maison ne vous feront même pas sentir votre abandon ; à peine une allusion maligne, à peine une épigramme à l'adresse de la novia jalouse, ou de l'inspiration impérieuse que vous avez craint de voir fuir en ne la courtisant pas assidûment.

Supposons un instant que cet étranger, qui

a obtenu hier des lettres de naturalisation dans le salon où vous êtes entré avec moi, soit un peu plus qu'un homme ordinaire, qu'il ait déjà apporté sa pierre à l'édifice social, qu'il soit un savant recommandable par une belle découverte, un artiste qui a passionné la foule, un orateur qui, du haut de la tribune, a ému tout un auditoire, un docteur habile, un soldat valeureux. Il n'est pas de nom qui éclipsera le sien, pas de brillante fortune qui aura le pas sur lui dans ce monde qui l'entoure; en un mot, l'homme seul paye de sa personne; et ce n'est pas assez d'un rang, pas assez d'un blason, d'une meute bien choisie ou d'un attelage brillant pour avoir la meilleure place et mériter la plus haute considération.

J'ai dit que tous ces hommes réunis l'étaient de par la sympathie qu'ils s'inspirent les uns aux autres; ils se verront donc souvent, puisque leur bonheur est de se voir et que la vie leur semblera plus douce s'ils la passent ensemble. Pas de ces dates qui, de saison en saison, amènent des réunions périodiques, des bals gourmés où personne ne se connaît, de ces fêtes splendides auxquelles préside l'ennui, de ces dîners officiels où le faste a tant de part et où l'ostentation occupe le haut bout de la table.

La dame du logis dira à ceux qui composent son cercle ces simples mots : Je suis tous les soirs chez moi, et ce soir à dix heures ou à minuit; demain, et toujours. Tous ces êtres qui se sont plu et qui s'aiment viendront mettre leur esprit et leur gaieté en commun; ils seront brillants parce qu'ils seront naturels; ils seront aimables parce qu'ils ont à tâche de se plaire.

Si le malheur vient frapper à la porte de l'un d'eux, le deuil sera général, et chacun croira que le tonnerre est tombé sur sa propre maison.

On ne s'entassera pas cent dans un salon trop étroit, et personne ne sera forcé d'assister à la lecture d'un poëme qu'on lira ce soir. Dans un coin du salon, près du piano obligé, un groupe déchiffrera la dernière partition représentée, pendant qu'un couple jeune et heureux effeuillera les marguerites cueillies le matin. Les officiers causeront guerre pendant que les gentlemen (il y en a partout) parleront courses de chevaux. La cigarette sera tolérée, et l'homme qui s'est fait de cette habitude un besoin impérieux, ne sortira pas, après un quart d'heure d'entretien, pour courir à son cercle fumer un Havane dont les dames des autres pays lui interdisent la jouissance.

Le charme d'un salon réside tout entier dans la conversation.

Depuis l'hôtel Rambouillet jusqu'à l'Abbaye-aux-Bois; depuis mademoiselle de Scudéry jusqu'à madame Récamier, ce sont toujours les femmes qui ont groupé autour d'elles les illustrations.

Leur conversation mérite donc l'attention, et je signalerai la différence qui existe entre celles des femmes françaises et des femmes espagnoles.

Celle-ci, plus libre dans son langage, plus légère dans le choix du mot et moins gourmée que la Parisienne, n'a pas, il faut le dire, la même disposition à s'occuper des choses de l'esprit; son jugement est basé sur une intuition et sur un sentiment beaucoup plus que sur une connaissance exacte; aussi rencontrerez-vous rarement une femme de la société, même élevée, s'intéressant bien vivement aux travaux de l'intelligence.

Chez nous, cette disposition est telle, qu'il règne dans beaucoup de nos salons un parfum de myrte. Le bas-bleu se voit parfois jusque chez la grande dame, et nous serions fâchés, du reste, de ne pas pouvoir dire d'une femme qui reçoit nombreuse société: elle est apte à juger une pièce de théâtre et à critiquer le livre éclos d'hier.

Combien de poëtes ont pris pour aréopage une de ces réunions où les femmes dominaient, et que d'Égéries ont montré le droit chemin à nos hommes d'État.

Ce qui frappe le plus l'étranger dans une réunion de Madrid ou d'un des grands centres de l'Espagne, c'est l'excessive liberté qui règne entre les deux sexes : *Honny soit qui mal y pense.* Du reste, liberté de bon ton, liberté sage, charmante, qui est peut-être le plus grand attrait des réunions de ce pays.

Celui qui entre pour la première fois dans un salon de Madrid, croira que les deux personnes dont il surprend la conversation à côté de lui sont liées par une étroite parenté, et peut-être se connaissent-elles depuis peu.

Le nom de famille est supprimé; peu s'en faut qu'au bout de quelque temps le *tu* ne soit substitué au vous respectueux.

Je dis peu s'en faut, car je sais un des salons les plus fréquentés et les plus honorables de Madrid, où presque tous les habitués tutoient la dame de la maison, salon-type, exceptionnel, qui restera dans ma mémoire comme ce que j'ai vu de plus curieux en Espagne.

Je consens à vivre enfermé tout le jour pour le restant de ma vie, si l'on veut me permettre d'aller chaque soir passer trois heures chez l'aimable comtesse.... Quand je sortais du théâtre à minuit, j'avais l'habitude d'aller m'y présenter; le salon était désert jusqu'à une heure et les tables de jeux n'étaient pas encore préparées.

C'est une des choses remarquables de Madrid et de toute l'Espagne que cette vie de somnambule qu'on y mène. Dans certaines maisons, personne ne se présente avant une heure du matin, et le Parisien candide, qui arrive à onze heures afin de trouver tout son monde réuni, se morfond deux heures avant de trouver à qui causer. Heureux, si la maîtresse de la maison n'est pas au théâtre ou en visite et veut bien lui tenir compagnie. Il peut attendre l'arrivée des habitués.

La comtesse, chaque soir, ne reçoit que des hommes; dans le jour, ses amies viennent lui faire visite; mais les tertulias, par une espèce de convention tacite, sont entièrement réservées à de vieux amis, parmi lesquels il y a de très-jeunes hommes qui n'ont qu'à gagner aux relations qui s'établissent dans cette brillante réunion.

En une semaine, on voit défiler là la plupart des grands noms de la noblesse, de l'administration, du sénat, des cortès et de la littérature.

Le poëte qui m'y a présenté m'assure qu'autour de cette table où la comtesse distribue le thé à ses commensaux, on a agité les questions les plus vitales de l'organisation de l'Espagne.

Il n'est pas un fait politique, pas un scandale, pas une nouvelle qui n'y aient été commentés, et comme dans toutes les conversations possibles on passe des sujets les plus graves aux choses les plus naïves et quelquefois les plus scabreuses, j'aurai entièrement trahi l'anonyme, si je raconte qu'un soir, trois heures durant, avec l'innocence la plus parfaite, on a pu causer, sans embarras, sans pruderie et sans gêne d'un sujet qui n'aurait même pas été effleuré dans un salon parisien.

Il s'agissait de la perfection des races, et la maîtresse de la maison prétendait que les femmes américaines sont aussi supérieures dans les classes élevées aux femmes bien nées de l'Europe, que les femmes comme il faut de l'Espagne le sont à celles de la basse classe. De la main et du pied, qui sont le type de la distinction dans toutes les races possibles, on arrivait à des détails anatomiques, qui n'amenaient pas même un sourire sur les lèvres des assistants. Ce laisser-aller, cette liberté de langage, exempts de toute mauvaise pensée, donnent certainement un charme immense aux relations, et l'Espagne partage, avec l'Italie, la bonhomie que Stendhal vante si fort dans ses études sur la société milanaise et florentine.

Le secret d'être heureux, cette pierre philosophale, a été trouvé en Espagne : chacun s'intéresse à son voisin. Ici, nous nous voyons peu, nous ne nous connaissons pas, et les mercredis de Mme la princesse de L..... dont on a beaucoup parlé étaient composés, tout le monde le sait, de personnes qui variaient peu et qui, après trois années d'une fréquentation constante, n'arrivaient pas à se connaître.

A Dieu ne plaise que, pour élever une nation dont j'essaye de dire les qualités et les défauts, j'aille rabaisser la société de mon pays et médire de ces délicieuses Parisiennes célèbres dans le monde entier par leur grâce et leur amabilité. Mais je voudrais voir Paris, ce centre intelligent, un peu plus libéral dans ses admissions au foyer de la vie.

Je voudrais que l'intelligence fût un passeport pour toutes les réunions possibles, et qu'on ne tînt compte à un homme que de sa valeur personnelle sans lui demander combien il a de perles à sa couronne. Celle que mettent au front le talent et le succès me semble plus belle que toutes celles qu'on trouve en

naissant dans son berceau, et malheureusement il est encore des portes closes, sans parler du traditionnel faubourg Saint-Germain.

Je voudrais qu'on se rappelât un peu chez
nous que l'Empereur de Russie, l'autocrate,
donnait le bras dans son palais à madame Vol-
nys et qu'il venait demander à dîner à son ingénieur, M. de Montferrand.

Je voudrais enfin une réaction salutaire contre
cet esprit vertigineux de fortune qui nous en-
vahit tous, et, sans parler avec amertume du
culte du veau d'or, je voudrais qu'on accordât
plus de considération à ceux qui travaillent
pour tous qu'à ceux qui travaillent pour eux-
mêmes. Si la classe qui vit par l'intelligence ne
trouve pas dans les jouissances que donne le
luxe les compensations qu'y trouvent les ma-
nieurs d'argent, je voudrais que la considération témoignée par la société aux chercheurs,
aux grands esprits et aux savants les dédom-
mageât de la vie plus que modeste et souvent
pénible que la plupart d'entre eux traînent dans
leur intérieur.

———✦———

II

DU SALON. — LA DUCHESSE D'ALBE.

Le salon littéraire est une exception en Espagne, et, si la noblesse espagnole se fait gloire de compter parmi ses noms les plus illustres des poëtes et des écrivains distingués, elle se montre peu soucieuse d'ériger ses palais en académies et de distribuer au coin du feu, entre une tasse de thé et un fragment d'opéra, des couronnes de lauriers aux poëtes et aux artistes.

Le rôle qu'ont joué en France les habitants de l'hôtel Rambouillet, les Roland, les Geoffrin, les Récamier, les princesse de Lieven, ne tente pas les grandes dames espagnoles, et ne croyez pas pour cela qu'elles méprisent ce que nous avons pittoresquement appelé le *Bas-Bleu*.—Non.., c'est tout simplement une non-propension à ces délassements. La grande dame espagnole serait plutôt madame de Chevreuse ou madame de Longueville, et la robe d'amazone de la jolie frondeuse lui siérait mieux que le turban de madame de Staël. La seule nature qui se rapprochât un peu de ces types communs chez nous est cette charmante jeune femme que nous avons suivie au tombeau il y a quelques mois à peine.

Elle eût joué à Paris le rôle de ces reines de nos salons ; mais elle était plus femme que la plupart de celles que j'ai citées. Elle eût trôné à l'Abbaye-aux-Bois à côté de madame Récamier ; elle en avait la grâce et l'esprit.

La duchesse d'Albe, quoique dans notre amour-propre national, nous l'ayons réclamée comme nôtre, était bien une Espagnole, et possédait tous les caractères qui se retrouvent dans ses compatriotes, pourvu qu'elles soient nées dans un milieu aussi élevé que le sien.

Elle était indifféremment femme du monde, mère de famille, reine de la mode, elle avait trouvé la fusion de toutes les grâces qui concourent à l'harmonie parfaite.

Je ne l'ai vue que passer dans les fêtes de Madrid, et j'ai compris de suite l'enthousiasme singulier qu'elle inspirait. Je ne sais personne qui n'ait subi, sans le discuter, le charme avec lequel son souvenir vous poursuivait. On a beaucoup vanté (surtout parmi les femmes qui abdiquaient devant elle) son aptitude singulière à ériger en mode suprême le plus léger caprice que lui suggérait son imagination. On a loué la grâce de ses chiffons, le goût de ses diamants, le *je ne sais quoi* dont elle savait marquer tout ce qui était sien, ses parures, sa beauté ; si elle était encore là : moi-même, je pourrai vous dire comment chacun subissait le singulier ascendant qu'elle exerçait ; mais quoiqu'elle soit bien haut, hélas ! elle pourrait nous entendre : et, ce dont il faut parler, c'est de son âme, c'est de son cœur.

Je me souviens aujourd'hui avec attendrissement de la promesse que l'on me faisait si je voulais abandonner Paris pour tout un hiver :

Venez à Madrid, me disait-on, nous vous

ferons, pendant toute une saison, les honneurs de nos salons ; si je résistais, si j'alléguais les liens puissants qui nous attachent tous ici, mes interlocuteurs, afin de vaincre mes dernières hésitations, avançaient leur argument le plus irrésistible.

— Nous vous présenterons à la duchesse d'Albe. Comme je la comprends maintenant cette fierté ! comme il est juste cet orgueil que leur inspirait à tous la pauvre duchesse !

Je ne puis rendre autrement ma pensée qu'en vous disant à vous qui ne l'avez pas connue que chacun à Madrid la considérait comme le plus beau joyau d'une collection renfermant de bien précieux bijoux ; de sorte que lorsque quelqu'un venait visiter la galerie, on lui présentait cette perle sous son plus beau jour en lui en détaillant les beautés.

Et une telle femme était bonne, aimante, charitable, affable à tous, et d'une simplicité telle, que parfois elle rendait les plus infimes orgueilleux d'un mot aimable qu'elle leur jetait en passant.

En cela elle obéissait à sa nature. Je dis

qu'elle était bien Espagnole, oui, car elle avait je ne sais quoi d'artiste qui s'élève au-dessus des préjugés vulgaires, et, comme elle donnait à tout ce qu'elle faisait une grâce inimitable, les plus posés et les plus froids lui pardonnaient de ne rien faire comme eux.

Elle se passionnait pour la charité et cherchait sans cesse une occasion de dévouement et d'abnégation.

Aujourd'hui qu'il ne nous reste plus d'elle qu'une croix et une tombe, je sais d'où lui venait son charme étrange, la mort l'avait touchée de son aile dès son berceau, et Alfred de Musset a raison : lorsque l'on meurt si jeune on est aimé des dieux ; elle était trop près de cette perfection humaine qu'il n'est donné à personne d'atteindre ici-bas. Elle semblait créée par un poëte comme une Ophélie ou une Desdémone et, jusqu'à sa mort, elle marcha entourée de son auréole de poésie. Mourant à l'automne, après avoir vu tomber les dernières feuilles dans les bois, et avoir salué d'un dernier regard et d'un angélique sourire tous ceux qui l'aimaient, tout ce cortége d'amis qui sem-

blaient avoir quitté Madrid pour venir assister
aux funérailles de celle qui avait peut-être voulu
leur éviter la seule peine qu'elle dût leur causer dans toute sa vie — celle d'assister à sa
dernière heure.

III

L'HOMME. — SON CARACTÈRE. — SES TENDANCES.

Je ne croirais pas avoir peint la société espagnole en ne parlant que de la manière d'être de ce qu'on appelle le monde. L'homme individuel, son caractère, sa nature et ses tendances, sont plus intéressants encore, et le monde avec ses causeries, ses réunions et ses fêtes pourrait cesser d'exister sans porter atteinte à l'existence de l'homme lui-même.

Le caractère d'une nation ne peut être qu'un, et le génie propre à l'individu se retrouve dans toutes les classes de la société.

J'essayerai de peindre l'Espagnol en général, puis, séparant les individus par classe, je rechercherai le côté typique de chaque homme considéré dans sa fonction, dans sa charge, dans ses devoirs. Ce qui caractérise l'Espagnol, ce qui fait qu'on ne le confondra jamais avec aucune nation, c'est une certaine dignité qui a sa source dans le passé de ce pays et dans la décadence qui l'a suivie.

L'Espagne a tenu la tête des nations, son histoire est pleine de brillantes épopées : gloire, honneurs, richesses, ce peuple a tout épuisé ; majesté de la puissance, majesté de la force, prestige éblouissant du luxe, éclat du talent, et, jusqu'au cachet de grandeur qu'imprime la souffrance : il a eu tout cela. Puis, comme tous les peuples qui ont dépensé tant de force, le grand corps social s'est affaibli, une décomposition lente est venue, et l'Espagne, qui avait tant aimé son Dieu, qui avait tant de fois versé son sang pour ses rois, s'est vu condamnée par eux à une terreur religieuse qui a atteint son apogée sous l'Inquisition, et tout son malheur est venu de la religion sainte. Et pourtant elle était allée avec le cardinal Cisneros planter la bannière du Christ jusque dans le foyer de l'islamisme !

Mais une nation si grande ne pouvait pas

tomber tout d'un coup; elle a mis deux siècles à descendre du piédestal qu'elle s'était élevé, et le jour où on a cru qu'elle était bien morte et qu'on pouvait lui tailler un suaire, ou lui donner des chaînes si elle n'était qu'endormie, un géant est venu; car il fallait encore un géant pour une pareille tâche. Au premier bruit de ses pas, la grande morte a ressaisi son armure brisée et tiré encore une fois sa vaillante épée; elle a poussé un cri de ralliement que tous ses enfants ont entendu, et les pieds du géant ont glissé dans le sang. Voilà ce que peut faire l'amour de la patrie. Chaque rocher est devenu une forteresse, chaque buisson une tranchée, chaque Espagnol un soldat. Les peuples qui conservent cet amour du sol natal, ne sont pas des peuples déchus.

J'étonnerais bien les Espagnols si je leur disais quel est l'écrivain français qui a dit :

En Espagne, tout le monde est noble ou a l'air de l'être.

—Avez-vous deviné? Non. C'est A. Dumas, tant dénigré et si cordialement détesté en Espagne.

On sent que cette phrase a été écrite sur le carnet d'un voyageur qui venait de traverser la Péninsule et qu'elle est prise sur nature. Ce reflet de noblesse et de dignité vient du souvenir d'une grandeur passée, et, comme un homme qui a connu l'opulence et qui compte d'illustres aïeux, conserve jusque dans la pauvreté la fierté de ses ancêtres et la dignité de son nom, de même en Espagne, chaque habitant a acquis une susceptibilité que l'on doit pardonner à ceux qui se souviennent d'un glorieux passé et ne peuvent souffrir qu'on les rende solidaires d'une décadence fatale.

Cette susceptibilité de l'Espagnol qui lui est si souvent reprochée existe donc, et jusqu'à l'exagération. Elle s'applique à tout ; parle-t-on d'une nation voisine dont on vantera la puissance, on entendra faire des comparaisons qui ne sont acceptables qu'appliquées à l'homme individuel. Parle-t-on art, administration, science, littérature, l'Espagnol cherchera dans ses grands noms d'aujourd'hui des personnalités à opposer aux plus brillants noms de l'Europe. C'est la nation de laquelle il est le plus difficile de parler sans soulever d'orages. Et qui sait si l'homme qui, avant de prendre la plume, demande à la muse de la sincérité de le guider dans une voie difficile, ne sera pas considéré comme un ennemi, quand il est animé d'une sympathie fervente et d'une loyauté insigne. On verra plus loin jusqu'à quel point l'amour-propre national a défiguré les livres des écrivains français qui ont essayé de peindre le pays qui est l'objet de ce livre.

Rappelons que nous avons reçu, nous autres, des blessures plus sanglantes, et que, non-seulement nous avons pardonné, mais nous avons été reconnaissants envers le Français qui, faisant abstraction de sa nationalité, a exalté d'autres pays aux dépens du sien.

Pour ne parler que d'un écrivain moderne, très en vogue aujourd'hui, un diplomate, penseur délicat sinon écrivain élégant, Stendhal (Henri Beyle) en un mot.

Je donnerai sans ordre quelques-unes des phrases que j'ai relevées dans ses ouvrages, et on verra s'il ne faut pas être bien pénétré de la bonne intention qui les a dictées, pour ne pas garder rancune à un Français d'avoir écrit de telles choses sur la France :

« Chez nous, ce n'est guère qu'aux galères « que se trouve la réunion des personnages les « plus singuliers ; ils ont la qualité qui manque « à tous les Français, la force de caractère.

« Le Français est le peuple le moins dra- « matique de l'univers ; il ne peut comprendre « qu'une passion : la sienne.

« Le Français juge un peuple et toute la « masse des habitudes physiques et morales en « une minute. — Il se demande : Cela est-il « conforme à l'usage ? — Non. Donc cela est « exécrable. Je n'ai jamais pu trouver un livre « français du xixᵉ siècle qui fût exempt d'un « vague et d'une affectation qui me font quitter « ma lecture.

« En France, pour se tirer d'affaires avec « l'honneur national, il faudrait toujours « mentir, et, quand je mens, je m'ennuie. »

Les citations pourraient continuer long-temps ainsi ; ces quelques phrases sont tirées du volume de l'*Amour* et des *Lettres sur Florence et Milan :* mais il n'est pas un des ouvrages de Stendhal, y compris ses romans, où il ne se trouve quelque allusion désobligeante pour la France, allusion qui a parfois, je dois le dire, un grand cachet de vérité. Et pourtant l'honneur national dont il est parlé dans l'une des phrases citées ne s'alarme pas ; nous supportons qu'on nous entretienne de nous-mêmes avec franchise.

J'ai parlé plus haut de l'accueil obligeant fait à ceux qui, lancés dans les carrières libérales, s'y distinguent et s'y rendent utiles à leur pays ; cet état de choses naît peut-être d'une tendance particulière de la classe noble à s'occuper des travaux de l'esprit et de l'intelligence. C'est encore une des faces intéressantes de la société espagnole que cette prédisposition des grands noms à essayer de ceindre deux couronnes, celle de la noblesse et celle de l'art. Tout le monde connaît au moins de nom les œuvres du duc de Rivas, qui fut naguère ambassadeur d'Espagne en France ; son fils, le marquis Auñon, est un littérateur élégant. Le duc de Frias a écrit de bons livres populaires en Espagne. Le marquis de Mo--

lins, ce type du caballero, est un des grands poëtes d'aujourd'hui, et dans le *Romancero de la guerre d'Afrique* qu'il vient de publier, figurent aussi plusieurs noms illustres.

Le marquis de Guad el Gelu, général Ros de Olaño, est un des poëtes et des orateurs distingués de l'Espagne, en même temps qu'il vient de prouver d'une façon éclatante qu'il était un général habile et un tacticien expérimenté. Le comte de Toreno a laissé un grand nom littéraire, et le marquis de Miraflorès, aujourd'hui ambassadeur à Rome, est un écrivain célèbre.

Je ne parle pas des autres branches de l'art parce que la publicité ne saurait être la même, et qu'une toile faite dans le silence de l'atelier ne peut être destinée à la popularité d'un livre ou d'une pièce de théâtre.

Mais je n'aurai pas loin à aller pour trouver des artistes jusque dans la famille royale. Les hommes ont les défauts de leurs qualités, et la dignité exagérée enfante l'amour-propre qui, parfois, va se placer là où il n'a que faire. Les Espagnols eux-mêmes prétendent qu'il est très-commun de rencontrer chez eux des hommes

qui préfèrent le luxe extérieur, l'opulence os-
tensible à la satisfaction des besoins qui sont
presque indispensables.

Ce qui m'a vivement étonné, au milieu de
mes observations, est une singulière incompa-
tibilité de deux sentiments qui, je le crois, est
flagrante et que personne ne refusera d'ad-
mettre, même parmi les plus fougueux pa-
triotes.

J'ai parlé de la dignité nationale, de la disposition de chacun à vouloir élever son pays, et à
lui assigner une belle place. Pourtant, dès que
l'on tombe de la nation à l'individu, la bienveillance se change en amertume, et l'admiration
extatique en dénigrement et presque en haine.

A mon arrivée en Espagne, j'avais déjà la tête
pleine des grands noms qu'il est impardonnable
d'ignorer, à quelque nation que l'on appartienne; et quand je me suis trouvé face à face
avec ceux dont je connaissais les œuvres, j'ai
voulu, dans l'intimité, connaître le jugement
de ceux qui m'entouraient à l'égard des célébrités contemporaines. Je le confesse avec tristesse, j'ai trouvé peu de bienveillance dans ces

appréciations, et chaque éloge, quand il y en avait, rencontrait bientôt son correctif.

Comment la grandeur d'une nation qui n'est que la collection de ces gloires partielles peut-elle exister avec ce sentiment? Comment un peuple aussi généreux que le peuple espagnol ne pardonne-t-il pas à un homme de s'élever par son talent, et pourquoi mêle-t-il des soucis à la couronne de fleurs qu'on décerne aux poëtes?

IV

L'ENTHOUSIASME. — LA POÉSIE DANS LA VIE RÉELLE.

L'enthousiasme, cette source sainte d'où découlent toutes les grandes choses, est encore très-fervent en Espagne. Chacun l'a dans le cœur, chacun s'enflamme au récit d'un haut fait qui serait regardé chez nous comme du *Don-Quichottisme*. Ces entreprises folles, si communes au moyen âge, cet esprit de foi sans examen complétement perdu dans presque toute l'Europe, tout cela est vivant comme à ces beaux jours d'enthousiasme où la croix sainte était portée jusqu'au tombeau du sauveur; aussi la vie réelle, les actions de chaque jour sont-elles empreintes d'un cachet de poésie qui rend la vie pittoresque et séduit les hommes qui supportent difficilement l'existence prosaïque commune à la plupart des nations et des individus.

Les femmes saisissent avec empressement les occasions de donner un but à la vie, un cours à cette ardeur qui les brûle et qu'elles sont forcées de contenir dans les circonstances où la vie s'écoule paisible au foyer de la famille sans secousse, sans émotions fortes, sans passions, sans joie et sans peines.

Nous avons tous vu, au moment de la guerre du Maroc, les maisons particulières transformées en hospices, les marquises et les duchesses en sœurs de charité, les grands d'Espagne en fournisseurs des armées, et les villes se faire tributaires et voter les unes la construction d'un vaisseau pour augmenter la marine, les autres l'entretien d'un régiment. La Catalogne, la grande Catalogne, qui est le foyer de la vie, de l'industrie, des arts, a été sublime de dévouement. Elle a offert son hécatombe sur l'autel ensanglanté de la patrie, et j'ai vu quatre cent beaux jeunes gens, tous volontaires, arriver au combat la veille de la prise du camp des Maures, solliciter l'honneur de monter les premiers à la tranchée, et laisser dans ces marais couverts de fleurs deux cents de ces braves qui avaient senti la terre manquer sous leurs pieds.

J'ai encore là devant les yeux ces cadavres tous frappés à la poitrine, le plus âgé comptait trente ans. Ils pouvaient vivre heureux et tranquilles dans leurs foyers, beaucoup étaient riches, presque tous trouvaient dans leur patrie un avenir assuré. Mais la guerre éclatait, leurs frères se couvraient de gloire sur le sol d'Afrique, ils voulaient aussi leur part d'immortalité. Et quelle sérénité, quelle gaieté dans le sacrifice, comme ils sentaient tous que c'était vivre pour toujours que mourir ainsi !

Mais la Catalogne voudrait un livre à part. Je tenterai peut-être un jour de l'écrire, lorsque j'aurai parcouru jusqu'au dernier village de cette province où la vie coule à plein bord. Si naguère, quand nos troupes s'élançaien en Orient, si hier à cette nouvelle campagne d'Italie, si aujourd'hui, quand nous allons venger la mort des chrétiens en Syrie, un de nos grands poëtes se fût engagé simple volontaire pour écrire l'histoire de ces expéditions, certes nous l'eussions traité de fou et de chevalier errant. Quelques âmes jeunes encore, pleines de séve et ardentes de foi, quelques cœurs incendiés de l'amour de la patrie eussent applaudi tout haut en regrettant de n'avoir pas un grand nom à offrir en sacrifice, mais la plupart auraient souri sans oser qualifier cet acte.

Dans la patrie de Cervantès personne n'a été étonné, et ce dévouement n'a pas été stérile, il a valu un beau livre à l'Espagne, et une histoire consciencieuse de la guerre du Maroc. C'était peu d'un soldat de plus, c'était beaucoup d'avoir un poëte pour chanter la victoire.

Il me reste à parler d'une propension qui a été bien souvent attaquée.

L'Espagnol, par un esprit d'hospitalité exagéré, offre toujours jusqu'aux choses qu'il ne peut donner. C'est une manière d'être, presque une formule, et il est de bon ton de refuser. On est parti de là pour dire dans un livre populaire : *mettez l'Espagnol à l'épreuve et vous le verrez se dérober.*

L'Espagnol offre sa maison à l'étranger qui

lui a été présenté, si l'homme lui est sympathique et s'il n'y a nulle raison particulière pour qu'il ne veuille pas se lier et continuer ses relations. A partir du jour où il a dit : Cette maison est à votre disposition, soyez sûr que ce ne sont pas de vaines paroles, vous pouvez hardiment venir prendre place aussi souvent qu'il vous plaira sans jamais craindre d'être importun, et la plus grande franchise présidera aux réunions.

En France, dès que nous nous connaissons, nous voulons cimenter notre amitié le verre à la main ; c'est le café de l'Arabe ou le calumet de paix du wigwam. En Espagne, il faut être arrivé à une grande confiance pour se réunir à la même table ; on a gardé sur ce genre de réunions certains préjugés faciles à comprendre en les expliquant. Si vous êtes assez sans façon, je n'entends pas dire *sans gêne*, pour venir simplement à l'heure du dîner demander une place à la table, vous n'avez pas idée de la joie que vous causerez à ceux que vous surprendrez ainsi.

Mais l'invitation sérieuse, officielle entraîne

dans l'esprit de l'Espagnol l'idée d'un déploiement de luxe qui devient gênant et pour l'amphitryon et pour le convive. Les services gardés
en réserve et enveloppés dans les armoires
sortiront pour ce jour-là, le linge de luxe, les
fleurs, les surtouts, etc., et les armes de la
maison seront gravées jusque dans les raviers.

Montrez-vous simple et plus satisfait d'une
réception modeste, et qui vous permette de
vous asseoir plus souvent à la table de famille,
on échangera gaiement tout ce luxe gênant
contre le sans-façon de la vie ordinaire.

L'Espagnol est désintéressé, et ce n'est pas sa
moindre qualité. Par le temps qui court, où
chacun vole après la fortune et la veut rapide,
presque subite, il a conservé un grand amour
pour la récompense morale et pour l'honneur
qui rejaillit sur l'homme à la suite d'un grand
service rendu.

L'argent est un moyen, ce n'est pas le but
que tous poursuivent et le dieu qu'on adore en
tous lieux. Dans la question des mariages qui
intéresse si vivement la société, on ne parle
pas toujours des espérances de la jeune fille ou

du fiancé, et je n'ai jamais vu escompter la mort d'un père ou d'une mère en cheveux blancs.

Chez l'homme du peuple, le désintéressement est plus sensible encore. A-t-il sa source dans l'indifférence et l'amour du far-niente, cela se peut, mais le fait existe. Je ne m'appesantirai pas davantage sur ce sujet, parce que je compte examiner l'homme dans chacune des classes de la société, et je développerai dans chacun des chapitres le caractère inhérent à la classe dont je m'occupe.

V

LE LYRISME.

C'est un des caractères les plus accusés du génie espagnol de revêtir les choses les plus simples d'une forme grandiose, et d'appeler à son aide, dans les circonstances les plus humbles, les ressources que les autres peuples ont en réserve lorsqu'ils veulent éveiller l'idée d'une situation solennelle ou causer une grande impression.

Non-seulement la littérature *courante*, c'est-à-dire ces livres qui naissent et meurent chaque jour, sont fortement empreints de ce lyrisme, mais le journalisme et jusqu'aux conversations intimes sont loin d'en être exempts.

Dans les premiers temps de l'expédition du

Maroc, les plus simples faits, les attaques les moins sérieuses, les engagements les moins meurtriers et ces faits d'armes tels qu'un soldat valeureux comme le soldat espagnol en accomplit chaque jour par la suite, donnaient occasion à la presse (surtout celle des provinces) d'accorder sa lyre et de chanter sur un ton élevé la valeur castillane. On évoquait Rodrigue à chaque page. Ce n'étaient plus des écrivains enregistrant un succès ou simplement un fait historique, c'étaient des bardes saisissant les harpes d'or et cueillant les rameaux sacrés.

Cette exagération, qui avait sa source dans l'amour ardent de la patrie, avait un danger réel.

En effet, le jour où, à Castillejos, à la prise du camp des Maures, à Vad-Ras, l'armée espagnole se couvrit de gloire, la presse ne put paraître que froide restant au même niveau qu'aux premiers jours et ayant épuisé la gamme des éloges. Ces bardes, qui avaient jeté au vent leurs notes les plus sonores et leurs accents les plus pompeux pour des circonstances toutes simples et pour célébrer des faits d'armes sans beaucoup d'éclat, se déclarèrent impuissants à célébrer dignement les nouveaux triomphes qui, cette fois, méritaient vraiment l'enthousiasme et auraient justifié leur *lyrisme* et leur allure d'épopée.

Plus longtemps que les peuples voisins, le peuple espagnol a conservé le goût de la grande forme, et l'épopée, en récit et en action, est encore en honneur. Je ne serai pas étonné de voir l'Espagne entrer un jour, la tête haute, dans une de ces entreprises romanesques que tentent seules les grandes âmes et les cœurs ardents.

Si quelqu'un venait aujourd'hui écrire chez nous un récit en vers de la guerre de Crimée ou de la campagne d'Italie; si, ému par tant de hauts faits, par tant d'éclatants dévouements, un de nos poëtes voulait consacrer un poëme à ces expéditions dignes d'une iliade, nul doute que le silence le plus complet n'accueillerait son œuvre, et que cette tentative aurait le sort de toutes celles qu'on a faites depuis trente ans.

Or l'Espagne, par un privilége exclusif de la nature et de son tempérament, a accueilli avec succès un *Romancero de la guerre du Maroc*, et naguère Zorrilla ne crut pas commettre un anachronisme en écrivant un poëme historique sur Grenade, retraçant la défaite de l'islamisme, évoquant tout un monde de chevaliers et de califes, et venant, après des siècles, raconter, dans une forme perdue chez nous, un fait devenu légendaire à force de récits.

Figurez-vous aujourd'hui Méry venant écrire un poëme sur les croisades! Quel profond silence autour de cette œuvre et quel immense éclat de rire dans la jeune littérature!

Et cela, alors même que le poëme contiendrait des beautés sans nombre, comme la *Jérusalem délivrée*, la *Divine comédie* ou la *Lusiade.*

La main sur la conscience, combien de Français, en dehors des hommes de lettres ou des délicats, ne connaîtraient pas Bonaparte en Égypte sans les petits chefs-d'œuvre qu'Horace Vernet y a semés à chaque page!

Si je cherche la raison philosophique de cette propension au lyrisme, je la trouve dans une louable renonciation aux instincts matériels et dans une tendance aux spéculations du cœur et de l'imagination, dans un enthousiasme pour le grand et le beau qui ne s'est pas encore heurté au scepticisme qui nous fait, nous peuple déclaré très-civilisé, descendre froidement au fond des choses, et arracher un à un les voiles qui les couvrent. En un mot, la masse du peuple espagnol est poëte et voit le monde et les choses sous leur aspect poétique.

LE SOLDAT.

LE SOLDAT.

—◦◦₀◦₀◦——

I

La renaissance, en Espagne, se fait sentir d'une manière bien accusée depuis quelques années. Les chemins s'ouvrent, les voies ferrées commencent à sillonner le pays, l'industrie se généralise, la nation sentant qu'elle a en elle assez de ressources pour cesser d'être tributaire, tire d'elle-même ses objets de première nécessité qu'elle demandait jadis à l'étranger, faute de voies de communication. Les lettres sont en pleine efflorescence, les arts se réveillent, et la gloire de l'expédition contre le Maroc donne enfin au pays une telle prépondérance morale que bientôt l'Espagne viendra reprendre sa place au conseil des grandes puissances.

Cette récente expédition a donné au soldat une telle importance que malgré l'axiome *cedant arma togæ*, je m'étendrai sur le soldat espagnol autant, parce que je le connais mieux que parce qu'en Espagne le soldat est homme avant d'être militaire; ce que j'aurai dit pour lui dans un long examen sera encore vrai pour l'individu de toute classe.

Imaginez-vous un pays sillonné de montagnes, sans voies de communication dans quelques provinces, pays soumis au nord à une singulière température qui varie du froid extrême à la chaleur excessive; au midi, un soleil ardent, souvent une grande sécheresse qui entraîne l'absence d'eau; au milieu de cette nature, des hommes nerveux, un peu maigres, doués de jarrets d'acier, marcheurs infatigables, sobres au delà de toute expression, indifférents à toutes les choses de la vie extérieure, ayant un grand fonds de gaieté et de philosophie, peu de besoins, des habitudes de grand air et de la vie un peu nomade, accoutumés à voyager le fusil sur l'épaule ou à l'arçon de la selle, chassant beaucoup, couchant dans leurs excursions où et comme il plaît à Dieu, désireux de prendre le soleil (*tomar el sol*), mais parfaitement indifférents à la pluie. Voilà, ce me semble, des natures bien propres à la vie militaire, accoutumées par avance à ses fatigues, à ses excès, à ses privations. Aussi est-il difficile de rencontrer un plus complet assemblage des qualités qui sont indispensables au bon soldat.

Les marches les plus longues sont des promenades pour ces hommes habitués aux sommets escarpés, et, chaussés de l'espadrille, ils franchissent des distances énormes sans que la fatigue se lise sur leur visage. Dans les premiers temps de l'expédition, je me souvenais du soldat de la guerre civile, mal chaussé, mal nourri et mal payé, et quoique je connusse l'Alpargatas, j'imaginais que c'était l'économie qui avait porté le gouvernement à donner cette chaussure; plus tard, quand je pus me mêler aux soldats, visiter leur sac et causer avec eux, je vis qu'aux deux bonnes paires de souliers neufs qu'il renferme, le soldat pré—

fère l'espadrille qui est sa chaussure nationale.

C'est au milieu des fatigues de toute sorte, des intempéries de la saison et sur le champ de bataille que se révèle ce caractère.

Là l'indifférence dont j'ai parlé n'abandonne pas encore le troupier.

Un bataillon auquel on a ordonné de charger est obligé de passer sur les morts qu'a coûtés une première attaque; chacun a un mot pittoresque et profond pour le cadavre étendu à ses pieds :

« Pauvre Périco, Pépa lui avait donné une médaille de Montserrat. »

Un autre : «C'est fini, Manolo, pauvre petit, il ne verra pas Tétuan. » Allusion à l'immense désir que nous avions tous de voir la ville blanche, lorsque nous la découvrions de la plage depuis un mois; il plaignait le mort, son frère d'armes, qui succombait avant d'obtenir la récompense de tant de peines.

Le 31 janvier, après une brillante charge des cuirassiers — *del Rey,* — l'état-major général avait assisté de très-près à cette action et les blessés passaient devant nous. Nous aperçûmes un cuirassier en pleurs, qui ne paraissait nullement blessé et qui s'éloignait du théâtre de la lutte en tenant son cheval par la bride.

Il arrive au général en chef qui avait un si grand prestige pour le soldat, et lui dit en portant la main au casque et avec une voix naïve :

« *Mi general, me han matado Diamante* » (mon général, ils m'ont tué Diamant).

Diamant, son cheval, son ami, son compagnon de fatigue, il n'avait peut-être pas tant pleuré son camarade de lit.

A cette sanglante bataille de Vad-Ras, qui a clos l'expédition d'une manière brillante, mais bien terrible en même temps, quand la mort venait de tous côtés, dans un mouvement d'une compagnie à laquelle on avait ordonné de s'avancer et de se déployer en tirailleurs, des soldats font lever de dessous les touffes de palmiers nains une nichée de lapins. Le danger qui les presse est oublié, et chacun de poursuivre la bête comme une partie de plaisir, tout en se souvenant de l'ordre donné.

Et les lazzis et les rires, les andalouzades, les comparaisons entre le Maure et le lapin, la justice éclate jusque dans leurs plaisanteries :

« Regarde, petit, si le Maure fuyait comme ces lapins-là ; mais il tient comme une bête féroce. »

Si un général avec son esprit épique dit, en montant à la tranchée : *Adios España y mi vida* (adieu Espagne et ma vie !), le simple soldat au fond de sa phrase simple et presque drôle a une poésie tout aussi grande. Pourtant, généralement, le soldat espagnol, malgré cette gaieté inaltérable, car autrement elle devait disparaître en Afrique, n'apporte pas en face de la mort ce mépris de la vie et cette nature de courage un peu fanfaron qui semble conduire le soldat français au-devant du danger qu'il peut éviter.

Dans les circonstances graves, il serre son ceinturon avec calme, fait jouer le piston de son fusil, assure la baïonnette au canon de son arme, et semble faire une prière mentale tant son air est grave. Mais à partir de ce moment, rien ne l'arrêtera ; c'est à la mort inévitable que son chef le conduit, il ira sans sourciller.

L'assaut se donne, la tranchée ou la position

est enlevée; il raconte naïvement comme cela s'est passé. *Ha muerto fulano,* un tel est mort; nous sommes partis cent cinquante, et nous revenons quatre-vingts; il ne discute pas, il énumère. Nulle exagération, nulle récrimination. Son ennemi s'est bravement conduit; plus il l'a vu de près, plus haut il le confessera.

A cette même journée de Vad-Ras dont j'ai parlé, l'escadron de Bourbon avait perdu beaucoup de ses officiers; je les connaissais pour la plupart, et je m'approchai pour reconnaitre les blessés sous les manteaux qui les couvraient. Passe au milieu des civières un volontaire catalan blessé à la jambe et portant sur sa tête une magnifique selle de forme anglaise couverte de velours grenat.

Une palpitation terrible m'oppresse; je croyais avoir reconnu la selle du général Prim. Il aura succombé, me disais-je, dans une de ces actions d'éclat où il est trop prodigue de sa vie, oubliant qu'il est nécessaire à l'armée.

Je n'osais interroger, je tremblais comme si la peur m'eût saisi; mais j'entends un autre nom. Cette selle venait du colonel Fors, le nouveau commandant des volontaires; son cheval seul avait été tué, et il renvoyait la selle à Té-tuan. Avez-vous perdu beaucoup de monde? demandai-je au volontaire. « Monsieur, me « dit-il, il y en a encore pour une fois, mais « pas davantage. » Parole qui semble empruntée à un héros de Shakespeare, réponse grande comme une ligne des *Commentaires de César*. Cette parole a été attribuée depuis à un grand nom de l'armée espagnole; mais elle est sortie de la bouche d'un jeune Catalan, et c'était l'expression sincère de ce que ressentait ce jeune volontaire qui, le lendemain, eût été prêt à recommencer la lutte avec le même dévouement si sa blessure le lui eût permis.

Je viens de parler du simple soldat au feu; c'est certainement son côté le plus saisissant. Discipliné, patient, attendant le commande-ment d'attaque sous une pluie de balles sans un murmure, se repliant trois ou quatre fois et at-taquant avec autant de feu après un échec. Il faut le voir maintenant le lendemain de la vic-toire, il n'est pas moins typique. Aucun ressen-timent, aucune colère; nous l'avons vu partager avec son ennemi de la veille son pain et sa galette. La dignité du Maure vaincu l'a frappé comme toutes les grandes choses dont aucune ne lui échappe, et le caractère servile et bas de la race juive amenait le dégoût sur ses lèvres.

Cinq mois d'une campagne horrible, d'une lutte sauvage dans laquelle lui respectait les prisonniers quand les siens étaient lâchement massacrés, devaient amener fatalement des représailles. Mais tout sentiment de haine a fait place à la pitié la plus douce.

Que de scènes touchantes nous avons vues dans ces rues étroites de Tétuan; tout ce que l'Espagnol demandait à son ennemi, c'est une place à son foyer: ils auraient pu vivre en frères si le Maure eût voulu vaincre sa nature soupçonneuse et oublier les farouches préventions des mahométans contre *ces chiens de chrétiens.*

Quand la paix a fait des loisirs au soldat il a voulu créer une Espagne dans la ville maure, et toutes ses habitudes pittoresques et gaies il les a transportées sur cette terre où jamais, je le crains, l'Européen ne s'acclimatera.

Quand je me rappelle l'intérieur des hôpitaux

où étaient les prisonniers marocains, je me sens ému de la manière vraiment fraternelle avec laquelle ces pauvres otages étaient traités. Que de délicieux tableaux de genre on eût fait en peignant d'après nature ! Quelle joie dans les yeux du soldat lorsqu'il parvenait à saisir un mot arabe ! comme il le répétait avec la gaieté d'un enfant, ce soldat si valeureux hier. L'un offrait ses oranges, l'autre ses cigares ; le Maure voulait qu'on lui montrât les armes et leur maniement, le soldat s'y prêtait de bonne grâce et mêlait son pauvre mot arabe à la langue castillane comme s'il devait en faciliter la compréhension au prisonnier.

Après huit jours d'occupation toute défiance fut oubliée, et confiant dans la dignité du vaincu, il ne lui faisait pas l'injure de douter de sa loyauté. Il fallait l'exaspération d'un fanatique qui venait assassiner la nuit pour rappeler aux troupes que nous étions en pays conquis et qu'il fallait toujours veiller.

Je suis sûr qu'aujourd'hui, rentrés dans leurs foyers, bien des soldats regrettent de ne pouvoir serrer la main de quelques-uns de ces vaincus devenus des amis, et je sais de sincères affections nées de ces relations d'un jour, sans parler de la haute sympathie qui unit les deux grandes figures de cette guerre, le général O'Donnell et Muley Abbas. Je cherche vainement une ombre à ce tableau, je voudrais dire par quel point le soldat espagnol est faible sans trouver le côté par lequel je pourrais l'attaquer.

Ce qui manque à cette jeune armée, c'est l'occasion de faire la guerre, et je ne sais si je dois souhaiter cela à un pays auquel il reste beaucoup à faire chez lui.

Mais les observations que je pourrais faire s'adresseraient à l'organisation de l'armée, à l'administration militaire, au corps de santé; toutes choses qui sont indépendantes du caractère du soldat lui-même, et aux fautes desquelles il ne peut rien. C'est de plus haut que doivent venir les réformes que demandent ces différentes administrations.

II

L'ESPRIT DE DISCIPLINE. — LE SIMPLE SOLDAT. — LA VEILLE ET LE LENDEMAIN DE VAO-RAS. — LE SOLDAT ÉLECTEUR.

Une fois pour toutes, et cela se voit par la tournure physiologique de ce qui précède, je ne cherche que l'esprit des choses, et sous le militaire je veux retrouver l'homme. Qu'on ne s'attende donc pas à trouver ici des détails précis sur l'organisation particulière, sur l'effectif, sur l'administration de l'armée espagnole.

Il faut être plus spécial que je ne le suis pour tenter une pareille tâche, j'essaye seulement de définir le type et le caractère qui existent sous le numéro matricule.

L'homme qui sort de sa province pour pren-

dre place sous les drapeaux, perd toute personnalité aux yeux de ceux qui font avancer et
reculer les pions et les cavaliers sur ce vaste
échiquier qu'on appelle un champ de bataille.

Il perd jusqu'à son nom, et devient un numéro comme un malade en entrant dans un
hôpital n'est, pour celui qui le soigne, que
le lit 70 ou 72.

Le numéro tombe sur le champ de bataille,
il arrive du même pays un autre individu qui
prend sa place et tout est dit.

Cette collection de numéros groupés autour
d'un drapeau déchiré qui n'emprunte la plupart
du temps sa valeur qu'à l'unité placée devant
elle, qu'on appelle un officier; cette masse
d'êtres voués à la mort pour venger des injures
dont quelques-uns ne comprennent même pas
la portée, n'en constitue pas moins une des
classes les plus pittoresques et les plus intéressantes de la société.

Comment voulez-vous ne pas vous éprendre
d'un immense amour pour le simple soldat?
Quelle que soit la couleur de son drapeau, c'est
presque partout le même cœur, la même phi-

losophie ; l'élan seul varie selon le tempérament propre à chaque nation.

Il a quitté sa patrie, et s'avance à travers des régions inhospitalières, laissant derrière lui une longue trace de sang. Son compagnon d'enfance, son frère d'armes, celui qui partageait sa tente est tombé sous les balles ennemies ; ne croyez pas qu'il soit insensible : il n'est que soumis.

S'il gravit des montagnes, il oublie qu'il existe des plaines. Si une soif ardente le dévore, et si le soleil brûle son crâne, il oublie que le ciel envoie parfois des rosées bienfaisantes.

Plus tard mouillé jusqu'aux os, il se verra attaqué : pas une plainte, pas un murmure, il marche au feu : une bombe éclate devant lui, il se couche par terre, et ne manque jamais d'adresser une épigramme au brutal projectile.

Sous sa rudesse quelle fine ironie ! Comme il sait caractériser une situation avec un seul mot ! En Espagne le soldat est relativement silencieux, et les camps n'ont pas la tumultueuse agitation des nôtres.

Aussi, dans les grandes circonstances, celui

qui passe entre les longues files de tentes, entend les soldats se décocher les uns aux autres des traits qui sont tout un poëme.

L'armée espagnole n'a pas eu son *Charlet*, et je ne le conçois pas. Cette société que forment les soldats fournirait aussi plus d'un *Thomas Vireloque*, et notre Gavarni ne perdrait pas son temps à vivre au milieu d'eux.

Il est une circonstance grave que je veux noter ici, car c'est dans cette occasion que j'ai pu apprécier le génie propre à l'Espagnol soldat, et que j'ai compris quelle profonde confiance son chef peut placer en lui.

L'armée expéditionnaire s'était emparée de Tétuan, la guerre semblait désormais terminée puisque l'Espagne avait vengé d'une manière éclatante l'injure faite à son drapeau.

La bannière rouge et jaune remplaçait au haut de l'Alcasabah l'étendard vert du Prophète.

Remarquez que c'était la première fois que cette jeune armée quittait sa patrie pour une terre inconnue.

Ceux que la guerre et la maladie avaient épargnés voyaient enfin briller une lueur d'espérance, et ces belles visions depuis si longtemps évanouies, le foyer abandonné, les mères, les pères en cheveux blancs, les sœurs, les novias, les grandes plaines aux moissons jaunissantes et les chères montagnes : tout cela passait et repassait obstinément devant leurs yeux.

Ce fut pendant plusieurs jours une joie que personne ne songeait à dissimuler ; chacun parlait de ses espérances, et ces pauvres enfants qui ne devaient emporter de là ni honneurs, ni avancement, ni enfin aucune de ces brillantes compensations qui entraînent l'officier à solliciter une place à la brèche, se berçaient tous de l'idée d'un prompt retour.

Une première commission de parlementaires marocains traversa le camp dressé à la porte de Fez, passa par la ville de Tétuan et vint conférer avec le maréchal O'Donnell dont le quartier général était situé à un quart de lieue des murs.

L'espérance ne pouvait que se fortifier en présence de ces négociations. Les ambassadeurs paraissaient et disparaissaient pour revenir encore.

Enfin, après une entrevue du général en chef avec le prince Muley-Abbas en personne, tout espoir dut s'évanouir, et tous ceux qui avaient tourné un instant les yeux vers la mère patrie, durent se résigner à vivre de souvenirs pour longtemps encore.

Mais les négociations s'étaient nouées et dénouées tant de fois, les circonstances s'étaient présentées d'une manière si irritante, que je m'attendais (je le dis franchement alors) à un découragement général dans l'armée.

Nous parcourûmes tous les campements plusieurs jours de suite, causant avec le simple soldat et les officiers subalternes. Nous n'avons rencontré ni une défaillance, ni une récrimination; nous n'avons pas entendu une plainte.

Et chacun savait ce qu'il perdait. Et lequel d'entre eux après être sorti sain et sauf d'une campagne aussi sanglante, pouvait espérer d'échapper à toutes les chances de mort auxquelles la seconde allait l'exposer?

S'il est une chose solennelle ici-bas, c'est de savoir que tel jour, à telle heure on s'avancera dans un pays inconnu, traversant avec un matériel de guerre des défilés impraticables pour aller attaquer dans son repaire un ennemi sauvage qui a sur vous l'avantage du nombre et celui plus grand encore de combattre chez lui dans des ravins dont chaque arbre, chaque source, chaque pierre lui sont familiers.

Nul doute que le soir, quand le soleil se couchera derrière les montagnes et quand on commencera à allumer les feux du bivouac, beaucoup ne dormiront du dernier sommeil, abandonnés aux lions et aux chacals, au milieu de cette immense plaine dans laquelle on aura cherché à attirer l'ennemi pour le vaincre plus facilement.

Combien l'homme grandit en face de cette idée toujours présente du danger ! Comme toutes les inégalités s'effacent ! Il ne reste qu'une créature bonne, devouée, fervente, sans rancune, sans passions et sans mesquines haines.

La veille de Vad-Ras, le soldat, malgré son insouciante philosophie, avait toujours les yeux fixés sur ce moment solennel.

C'étaient des préparatifs silencieux, de consciencieuses visites des armes, des recommandations sérieuses d'amis à amis, des achats indispensables qui se faisaient avec gravité.

Au milieu de tout cela, une grande sérénité exempte de cette jovialité habituelle que le soldat ne retrouva que lorsqu'il se fut mesuré avec l'inconnu.

La guerre changeait de face, et malgré les sanglantes mêlées déjà subies, on peut dire que la journée de Vad-Ras s'est toujours présentée à l'esprit du soldat espagnol avec un appareil plus sérieux et plus solennel que les autres.

Je regrette de ne pas m'étendre au long sur ce départ pour le Fondack, mais je me dédommagerai bientôt en écrivant les souvenirs du Maroc. Jamais journée ne s'annonça ici d'une façon plus triste, nous étions à trois heures du matin réunis sur la grande place de Tétuan. Un brouillard épais et froid enveloppait la ville tout entière; on se cherchait dans l'obscurité, des aides de camp affairés traversaient à tâtons les rues étroites, et çà et là les Maures, redevenus ennemis implacables depuis la certitude d'une nouvelle campagne, jetaient en passant des regards de haine et de mépris.

4.

Le bruit du clairon seul troublait le silence qui régnait dans la ville et dans les camps.

Depuis longtemps déjà le soleil avait dû se lever, et néanmoins tout n'était que ténèbres autour de nous; tout était sombre comme l'avenir qui nous attendait, et jamais, j'en suis sûr, la nature n'a été en plus complète harmonie avec l'état des esprits.

Enfin nous sortîmes de la ville avec le général Rios pour marcher en éclaireurs et flanquer la droite de l'armée, en nous emparant de toutes les collines qui s'élèvent depuis Amsa jusqu'au pont de Bu-Seja.

A la porte de Fez, nous rencontrâmes le corps d'armée du général Prim qui était sous les armes, les mulets chargés et prêts à suivre; la division de cavalerie était prête aussi, et le corps du général Echagué, qui formait front de bandière et grand'garde, attendait en formation l'arrivée du général en chef.

Il suffit d'un rayon de soleil sur tout cela pour ramener au cœur du soldat sa gaieté et sa philosophie ordinaires; cette conspiration des éléments l'avait attristé un moment, mais l'instinct militaire se réveilla; les musiques jouèrent la marche royale à l'entrée du maréchal, tout fut oublié, toute espèce d'hésitations et de regrets disparut. Chacun ne se souvint de l'Espagne que pour s'en montrer le digne fils.

Je n'aurais jamais pu me figurer que ces hommes, que j'avais vu s'attendrir à l'idée qu'ils allaient peut-être embrasser leurs mères ou leurs sœurs, feraient taire aussi facilement en eux cette voix du cœur qui parlait si haut, une fois qu'ils auraient acquis la certitude qu'ils s'étaient trompés, et que le pays demandait encore de nouveaux sacrifices.

Je ne dis rien ici de la bataille de Vad-Ras, l'armée fut ce qu'elle avait été jusqu'alors; seulement (chose singulière et qui prouve que le côté pratique des choses n'est pas toujours étranger au peuple) je puis avancer que le simple soldat, dans son bon sens, avait jugé sainement le côté politique et l'opportunité de la nouvelle campagne qui commençait.

Si, par un scrutin ouvert dans chaque corps d'armée, on eût voté la continuation de la guerre, on peut être sûr que chaque soldat, guidé uniquement par un jugement sain et rationnel et par l'amour et l'intérêt de son pays, eût voté en faveur de la paix.

Je mets entièrement de côté les raisons de conservation personnelle que le soldat pouvait avoir pour juger ainsi cette question ; car ce serait faire injure à une armée que de supposer que le moindre soldat eût pu avoir d'autre mobile que l'amour du pays.

Le jour où il fut résolu que l'armée devait se remettre en marche et perdre tout espoir de rentrer de longtemps encore dans sa patrie, le journalisme espagnol était surtout l'objet des dissertations de cette race de soldats qui sait lire et qui pense, et peut arriver aux grades supérieurs.

L'attitude d'une certaine partie de la presse, qui ambitionnait une gloire chimérique et irréalisable avec les circonstances dans lesquelles on se trouvait alors, servait souvent de commentaires sous les tentes.

Un jour, après des discussions politiques interminables, heureusement exprimées dans un langage pittoresque, qui ferait la joie du lectour s'il était permis de le présenter dans toute sa naïveté, un jeune soldat, qui cousait consciencieusement des boutons à sa chemise, se leva en disant :

Vous pouvez être sûrs que dès aujourd'hui, eussions-nous pris Fez et Mequinez, nous n'aurions plus d'entrée triomphale en Espagne.

Il y avait une certaine amertume et une conviction profonde dans sa manière d'exprimer sa pensée, et un lieutenant d'artillerie qui se trouvait avec moi le pressa de s'expliquer sur cette phrase, lui disant qu'on se souviendrait toujours des sacrifices de l'armée et du sang répandu pour la patrie; que l'Espagne serait bien ingrate, si tout cela pouvait s'oublier :

« Ils ne nous oublieront pas, répondit-il; je « sais que beaucoup de cœurs battront à notre « arrivée, beaucoup de larmes seront répan- « dues, et les jardins n'auront pas assez de « fleurs pour tresser nos couronnes; mais, jus- « qu'aujourd'hui, toutes les pensées n'avaient « qu'un but, tous les cœurs battaient d'une « seule idée : la gloire nationale. Il a fallu que « la passion politique intervînt, et maintenant

« nous ne sommes plus pour tous les fils de
« l'Espagne qui vont clouer son drapeau jusque
« dans le repaire des ennemis ; nous sommes
« aussi les soldats d'un parti, et qui dit parti
« peut dire division. Si les uns nous accueillent,
« la politique des autres est de se taire. »

La situation dont parlait ce jeune soldat,
qui avait plutôt l'air d'être taillé pour la charge
en douze temps que pour l'art oratoire, ne se
prolongea heureusement pas, et rien de ce qu'il
prévoyait n'arriva.

Mais ceux qui, par état ou par sympathie,
aiment à déduire les conséquences des faits,
peuvent voir qu'à ce moment un côté bien sub-
til de la politique n'avait même pas échappé à
ces jeunes gens qui, malgré tout, se faisaient
les instruments muets et les bras de la mère
patrie.

Je ne me déclare pas satisfait quand même
de tout ce que je vois en Espagne. Mais quant
à ce qui concerne le soldat, il a toutes les qualités nécessaires à l'état qu'il exerce, et comme
toute la force d'une armée réside dans l'homme
individuel, ce n'est pas s'avancer trop que de

prédire à l'Espagne un grand avenir militaire,
si le sort des nations doit continuer à se régler
par la force, et si les conseils européens ne
parviennent pas par la diplomatie à régler les
différends qui peuvent surgir dans l'avenir.

L'OFFICIER.

Entre le corps d'officiers de l'armée espagnole et le nôtre, il existe certaines différences dont je ne me suis pleinement rendu compte qu'après avoir visité en détail les colléges militaires de Tolède et de Ségovie.

Les cadets, par leur présence à l'armée, ont fait accréditer cette opinion que les officiers étaient trop jeunes et incapables, par conséquent, de l'énergie qu'ils acquièrent avec l'âge et les connaissances nécessaires à tout bon officier. Si la nation était militaire par excellence, si, après une expédition comme celle que nous venons de voir, une série d'événements amenait une autre expédition, ce serait sans doute une excellente école pour ces jeunes hommes qui feraient au camp un apprentissage beaucoup plus sérieux de la vie militaire; mais la caserne et les manœuvres, les exercices et les revues ne sauraient tenir lieu de cette rude école qu'on appelle la guerre. Un fait tout naturel s'ensuit. Les cadets, appelés à être incorporés au moment de la guerre du Maroc, n'avaient vu ni le feu de la guerre civile, ni les rudes engagements des luttes intestines, et ont dû prendre rang à l'effectif pour remplacer les morts et les blessés. Ils sont peu coupables de l'inexpérience militaire qu'on pourrait leur reprocher, car ils rachètent par la bravoure personnelle et le sang-froid les qualités stratégiques qui peuvent leur manquer et dont, en cherchant bien, ils n'ont que faire pour le moment. Du reste, même sérénité que le soldat au feu, même gaieté, même dévouement au métier des armes, surtout dans l'infanterie, car les chasseurs ont une organisation militaire qui ne laisse rien à désirer, et ce sont eux qui se sont fait le plus grand nom dans cette guerre.

L'officier est moins militaire que chez nous.

Cela tient probablement au grand nombre de ceux qui entrent en disponibilité pendant des années entières, se retrempent à la vie civile, y vivent d'une existence tout autre, oublient jusqu'à l'uniforme pour s'intéresser aux choses de la société et devenir pères de famille plutôt que soldats.

La nation espagnole, jouissant d'une très-grande liberté, étant habituée à agir sans contrôle de la part de qui que ce soit, ne nécessite pas la présence sous les armes de ces grandes forces que nous voyons réunies chez nous. Dans nos centres comme Paris, Lyon, Bordeaux, dans nos villes frontières et dans nos places fortes, nous semblons toujours être sur le pied de guerre ; cela tient au génie de notre nation qui ne s'émeut pas de ce déploiement de forces. Mais en Espagne où, dans la paix, le soldat ne sert qu'à garder les places fortes ou à rendre les honneurs à la personne royale, dans les grandes villes où ne s'élèvent pas de ces immenses casernes qui peuvent contenir plusieurs régiments, que ferait-on de tant de forces agglomérées ?

C'est donc, je le crois, une des causes de cette situation qu'on appelle de *remplazo*, qui dépayse, pour ainsi dire, l'officier, et en fait autant un homme du monde qu'un soldat.

Cette alliance des mots homme du monde et soldat m'amène à signaler l'énorme différence qui existe entre l'officier français et l'officier espagnol.

Nous, nous vivons constamment de la vie militaire ; nos officiers, hommes distingués qui sont sortis brillants et fringants de l'École polytechnique et de Saint-Cyr ont brûlé leur teint aux plages de l'Orient, en Italie ou en Afrique, et ont oublié pour la plupart l'usage de l'habit noir et le langage des salons. Vivant toujours entre eux, ils se sont fait une langue de convention qui dit bien ce qu'elle veut dire et surtout le dit énergiquement. Il leur en coûte parfois de sacrifier ce qu'ils appellent pittoresquement *la popote* aux exigences du monde. Comme ils sont ambitieux de la grosse épaulette, ils ne s'intéressent guère qu'à leur affaire, et ont le défaut des artistes et des médecins qui causent toujours métier. Ils se mêlent peu, vivent entre eux, et ne perdent jamais ce cachet et cette tournure qui font dire au passant *c'est un officier en bourgeois*. Un peu maladroits dans le vêtement de ville, ils sont plus beaux sous l'habit militaire qui ne les gêne pas dans les entournures et convient mieux à leurs habitudes. Ils ont flétri d'un mot amusant le bourgeois, et tout officier qui quitte l'uniforme et le képi pour le chapeau et l'habit noirs s'habille en *pékin*.

Du reste braves comme leur épée, affables, hospitaliers à tous, un peu viveurs, ils sont le type du Français avec ses brillantes qualités et ses défauts aimables, et sont les vrais fils de la patrie qui portent partout son drapeau tricolore en triomphateurs.

En Espagne comme forme et comme fonds, à l'exception des officiers de carabiniers (douaniers) et de la garde civile (notre gendarmerie) qui sont toujours en campagne, l'homme du monde se voit plus sous le soldat. La conversation n'est pas émaillée d'expressions militaires, l'avancement n'est jamais mis en question.

Un officier espagnol est aussi léger d'allures dans un salon qu'un attaché d'ambassade, et rien ne trahira sa profession aux yeux de ceux qui ne sont pas commensaux du logis.

Il s'intéressera aux théâtres, aux choses de l'intelligence, au livre né d'hier, à l'aventure du grand monde, à tout enfin ce qui occupe l'homme de la société. La connaissance de la langue française, très-générale en Espagne, les met à même de suivre ce qui se fait chez nous, et la somme de connaissances spéciales à l'homme l'emporte sur la somme des connaissances spéciales au militaire. Pourtant nos campagnes de Crimée et d'Italie ont été cent fois commentées là-bas, et les maréchaux Pélissier, Mac-Mahon, Niel, Vaillant et autres sont populaires, non-seulement par leurs noms, mais par les opérations stratégiques qui ont donné le plus de relief à leurs personnalités. Affables et courtois, caballeros dans toute l'acception du mot, l'honneur comme chez nous est le guide suprême de tous ces militaires qui redeviennent civils le lendemain de la victoire et ne demandent à la guerre qu'un peu de gloire à ajouter à leurs noms. Qui a connu l'armée espagnole connaît presque tous les grands noms de l'Espagne, car dans ce pays on croit encore que l'illustration des armes est la plus noble ; et tous ceux qui se sentent assez de verve pour ne pas être satisfaits de la vie du monde parfois vide aujourd'hui vont demander une place sous les drapeaux.

Il me revient à l'esprit que j'ai rencontré dans un salon de Madrid un homme que je connaissais depuis bien longtemps d'une façon assez intime sans savoir qu'il était général de brigade. Il a fallu qu'on lui donnât un commandement militaire dans une province du midi pour que j'apprisse qu'il était officier général. A Barcelone, dans un banquet qui m'a été offert à mon retour en France et qui était présidé par l'illustre général Yriarte, mon glorieux homonyme, j'ai rencontré un colonel avec lequel j'avais causé de la guerre du Maroc pendant deux mois, chaque soir, dans une tertulia de Madrid, sans savoir qu'il appartenait à l'armée. Évidemment, en France, un mot ou un aperçu aurait trahi l'anonyme.

Cela n'empêche pas qu'il n'y ait quelques hommes nés pour la vie militaire, qui conservent le caractère du soldat, dans leurs actes, dans leurs discours, dans leur manière d'être.

Le duc de Tétuan, par exemple, apporte aux conseils et dans les débats parlementaires, toute sa franchise militaire, toute la loyauté d'un soldat, et le langage ferme et pittoresque d'un homme dont la guerre est l'élément vrai.

La vie des camps lui plaît, et je suis sûr qu'il regrette parfois, au milieu des débats des cortès, la plage d'Afrique où il a conduit les soldats à la victoire.

Le général Prim, marquis de Castillejos, du haut de la tribune du sénat, semble commander une armée, et se laisse aller à des images guerrières ; il attaque avec énergie, frappe du poing pour appuyer d'un geste énergique une énergique pensée. On voit le grand soldat sous l'orateur, et certainement celui qui parle ainsi ne peut qu'exercer une grande influence sur des hommes qui marchent au combat.

Le camp est sa vie, il y rencontre la poésie et

l'esprit d'aventures qui l'a fait passer de l'Amérique à Silistrie et de là aux plaines de Tétuan. Au lieu de lui paraître une chose anormale, l'existence sous la tente lui convient si bien qu'il y voudrait vivre toujours ; et, pour moi, je n'ai jamais pu m'habituer à le voir passer en équipage au Prado de Madrid.

Le général Ros de Olaño, marquis de Guad el Gelu ne vit que pour le soldat, et le simple soldat encore.

Il consacre à son bien-être, à son instruction et à son amélioration de tout ce qui le touche, tout ce qu'il a de temps et de force ; il étudie le costume, l'arme, les simplifie et les améliore. Il l'aime comme un fils et recherche toutes les occasions de lui être utile ; il éprouve le besoin d'en parler comme d'un ami ou d'une personne aimée : son toast de Barcelone est célèbre en Espagne à juste titre.

Grand stratégiste, il réunit à ces qualités celles d'un grand écrivain ; son talent a beaucoup d'analogie avec celui du pauvre Henri Heine, la tête perdue dans les nuages et les pieds sur terre. Il a écrit des œuvres humoristiques où se révèle parfois une tristesse qui est le cachet des grandes âmes, et cent pages éblouissantes qui cachent un haut enseignement, et des idées politiques transcendantes. Malheureusement, ces dernières qui parurent dans le *Diario español* sont intraduisibles, hérissées qu'elles sont de termes techniques et d'expressions familières et populaires qui sont presque l'argot castillan.

Sa dernière publication, *les Légendes d'Afrique,* est un livre plein de la rêverie de l'Orient; celam'a rappelé les parfums qu'exhalaient les vergers et les jardins qui entourent Tétuan.

Une pensée philosophique, grande et forte, y coudoie un mot humoristique.

Le soldat s'y voit à travers l'écrivain et le philosophe.

Mais je m'aperçois que je me laisse aller à ébaucher des portraits qui demandent une plus sérieuse étude.

Ce n'est pas le but de ce livre. Il serait fort intéressant d'étudier chacun des grands généraux espagnols; mais il faudrait un volume spécial.

J'ai parlé de l'officier subalterne, sans dire

ce qui caractérisait l'officier général et quelles sont les ressources de l'Espagne en capitaines.

Je dois dire que ce qui manque à cette jeune armée, c'est une pépinière comme l'Afrique où s'instruisent les hommes par une constante pratique de l'art de la guerre.

Ce n'est pas assez d'avoir des généraux habiles, commandant les corps d'armée, comme les généraux Ros, Prim, Zabala, Echagüé, il faut encore des maréchaux de camp; et en dehors des quelques noms sortis de la foule des officiers généraux, comme Yriarte, Concha, Serrano, Lemery, Dulce, Garcia, Quesada, Orosco, Mackenna, Touron, Céballos, Gasset, La Saussaye, etc., et d'autres encore, on peut dire que l'Espagne est pauvre en grands stratégistes.

Les hommes d'éclat ne manquent pas et le maréchal O'Donnell n'a jamais eu à chercher quand il a voulu tenter un coup hardi.

Prenez le premier brigadier venu, il a tout le courage et l'habileté nécessaires pour exécuter une opération difficile et enlever une position solidement fortifiée. A défaut de lui, un simple officier s'en acquittera bien.

Mais cette rapidité dans la décision, cette promptitude dans le coup d'œil, ces plans aussi vite exécutés que conçus, qui semblent audacieux et qui ne sont jamais laissés au hasard, tout enfin ce qui ne s'acquiert que sur les champs de bataille, ce sont des campagnes successives qu'il faut pour cela, et la guerre civile était une école imparfaite pour arriver à ce but.

L'expédition du Maroc aura produit d'excellents résultats dans ce sens, et encore la tactique à déployer contre un ennemi tel que les Maures ne ressemble en rien à celle nécessaire vis-à-vis d'une force européenne.

Je m'étonne que les officiers étrangers n'aillent pas plus souvent suivre les expéditions des autres nations. Les armes spéciales seules y envoient des représentants ; ce n'est pas assez.

A cette grande école des guerres européennes se formeraient, j'en suis sûr, d'excellents officiers qui, plus tard, donneraient de grands généraux au pays.

IV

L'artillerie et le génie militaire, en Espagne, n'ont rien à envier à aucune nation de l'Europe.

Il est vrai de dire que l'artillerie a toujours été, dans ce pays, à une très-grande hauteur; mais les progrès que l'industrie de la fonderie a faits dans ces derniers temps chez nous et en Angleterre, avaient laissé l'Espagne un peu en arrière. L'artillerie rayée, ce puissant auxiliaire, est venu, en changeant tout le matériel, innover un système et modifier l'ensemble des manœuvres. Il a fallu de nouvelles études et de nouvelles expériences faites parfois sur le champ de bataille même. Aujourd'hui, l'artil-

lerie de siége, l'artillerie de position et l'artillerie de montagne sont toutes rayées. Le peu
d'anciennes pièces sont reléguées dans les places et dans les arsenaux.

L'excellence du corps d'artillerie tient à l'instruction profonde des officiers, tous hommes
d'étude, voués à la science et sérieusement
portés aux recherches et aux découvertes.

L'avancement s'effectue à l'ancienneté; aussi
a-t-on trouvé une combinaison singulière pour
récompenser des officiers qui se seraient distingués sans pouvoir arriver au grade supérieur,
à cause de leur âge. Un capitaine d'artillerie
qui, par une action quelconque, mérite une
récompense, peut avoir, tout en restant dans
le même grade de son arme, le grade supérieur
dans l'infanterie, et, s'il veut permuter et changer de corps, il entre avec le grade de commandant dans les chasseurs.

Nous avons vu, au quartier-général du maréchal O'Donnell, un lieutenant d'artillerie qui
portait les insignes de colonel d'infanterie et
qui, fort attaché à son arme, ne voulut pas
échanger son épaulette contre un régiment.

Ces officiers sont pour la plupart issus de grandes familles. Chez nous, c'est surtout dans la cavalerie que sont les grands noms ; les uniformes sont plus brillants et les officiers mènent grand train. Le luxe qu'on peut déployer dans l'équipement est pour beaucoup dans ce choix. Il est fort commun de rencontrer parmi les officiers d'artillerie espagnole des hommes qui possèdent à fond trois ou quatre langues vivantes, et c'est surtout dans ce corps, dans l'état-major et dans les hussards, que j'ai rencontré les personnalités les plus brillantes.

V

GÉNIE MILITAIRE.

Le génie militaire est un corps composé de savants comme chez nous ; tous sont des hommes d'étude. Corps d'abnégation s'il en fut, ils sont voués aux reconnaissances, aux travaux géodésiques, aux tracés des routes, à la levée des plans, à la construction des redoutes et des ponts, et quoique les services qu'ils rendent soient immenses, la gloire n'est pas toujours pour eux. Il suffit d'avoir vu les redoutes d'Isabelle II, du prince Alphonse, la redoute Pinière, toutes celles enfin qui s'étendent depuis la maison du renégat jusqu'à l'entrée du chemin de Tétuan, pour juger de l'habileté de l'ingénieur espagnol. Le fort de l'Étoile, la redoute de la Douane et tous les baraquements intérieurs faits dans la place dénotent des connaissances profondes et une grande science du génie militaire. Je ne conçois pas comment le génie civil en Espagne reste stationnaire, quand les ingénieurs militaires arrivent à un état de choses aussi satisfaisant.

Autant l'ouvrier qu'emploie l'entrepreneur est mou, adonné au *far niente* et à la cigarette, autant le sapeur du génie militaire apporte d'activité et d'application à faire une tranchée en un clin d'œil ou à exécuter tout autre travail de sa profession.

J'ai, du reste, constaté plus tard qu'il y a lutte réelle entre la nature de l'Espagnol qui se laisse aller à l'oisiveté, et le côté ingénieux qui le pousse à s'occuper de petits travaux délicats, difficiles et bien exécutés. Un heureux mélange d'ouvriers anglais, espagnols et français, a amené dans les ateliers de construction des chemins de fer, une sensible amélioration, et beaucoup, parmi les nationaux que j'y ai vus, avaient servi dans l'artillerie ou le génie. Il est naturel qu'ils aient conservé une propension au genre de travaux qui les a occupés si long-temps.

Dans toute l'expédition, nous n'avons pas eu occasion de voir une seule de ces grandes opérations qui peuvent donner au juste l'idée de l'habileté d'un corps d'ingénieurs. Par exemple, jeter un pont de bateaux sur un fleuve, etc. Mais la route de Tétuan, faite depuis le camp de l'Otero jusqu'à la plaine de Castillejos, est une des difficiles épreuves auxquelles puisse être soumise une armée en campagne.

La route a constamment été tracée dans le roc, coupée parfois par des cours d'eau, côtoyant la mer et formant dans certains endroits balcon suspendu au-dessus de la plage. Ajoutez à cela un ennemi qui harcelait continuellement les travailleurs, et un temps d'hiver rigoureux pour ce genre de travaux. Avec le travail des redoutes dont j'ai déjà parlé, voilà, je crois, ce qui constitue la belle part que les ingénieurs ont prise à l'expédition contre le Maroc.

VI

CAVALERIE.

Je ne sais pas si le lecteur s'aperçoit que je me laisse aller à examiner l'un après l'autre chacun des corps de l'armée espagnole. Mais je me souviens toujours que c'est au milieu d'elle que, pour la première fois, j'ai vécu de la grande vie, celle qui s'écoule entre les dangers de la veille et les dangers du lendemain.

Quel est ce sentiment qui me fait regretter aujourd'hui, au milieu des douceurs de la vie civilisée, ces nuits horribles où le vent renversait la tente; ces pluies torrentielles qui nous traversaient sous nos manteaux?

J'ai la nostalgie des insomnies, et je donnerai quinze de mes jours des bords de la Seine, quinze jours d'un printemps de l'île de Croissy pour entendre cette nuit, vers deux heures, ces détonations qui nous faisaient coller l'oreille contre terre pour distinguer les espingardes arabes des fusils de munition espagnols. Et la diane ! les splendeurs du soleil levant à la plage de Guad-el-Gelu, les clairons frappant l'air les uns après les autres, la toilette pittoresque du soldat, les ailes de la tente ouvertes à l'air pour ventiler la maison de toile qui ne l'était que trop, hélas !

Le frileux officier se faisant une capa de son *puncho* pour sortir et voir quel temps nous promettait le lever du soleil. Puis la découverte ! ces soldats entièrement cachés sous leur mante grise, s'avançant doucement à demi courbés vers la terre, épiant chaque arbre, chaque taillis, interrogeant chaque repli de terrain, sondant chaque touffe d'herbe. Et le soir, après le repas (toujours le même, hélas !), ces groupes autour des foyers improvisés, pendant que les musiciens faisaient entendre un certain air basque, tendre, mélancolique, rêveur, quelque chose comme le ranz national, ou un regret à

la patrie absente, un souvenir au foyer loin-
tain. Oh ! grande, sublime poésie de la vie
nomade, vie biblique où l'homme croît en face
de Dieu, à l'air libre ! là, s'apaisent les petites
passions et les petites haines, l'homme est plus
grand, parce que d'épaisses murailles ne le
dérobent pas au regard de ses semblables. Il
n'oublie jamais sa dignité. La présence de la
mort, la maladie qui le menace sans cesse,
l'ami qui succombe, le frère qu'il pleure, tout
cela se réunit pour lui imprimer ce cachet de
grandeur dont la sublime douleur revêt ses
élus.

Et ce grand homme de fer, toujours le premier partout, que nous n'avons jamais pu de-
vancer dans ses promenades matinales au milieu des tentes du quartier général, comme il
regardait le ciel ! comme il l'interrogeait pour
savoir si les roues des canons pourraient rencontrer un terrain solide aux marais de la plaine
de Tétuan ! Quel regard il jetait à la colline verte
qui s'étend au pied de la tour de Jéhéli ! Il
comptait les nouvelles tentes écloses à la nuit
comme des clochettes dans l'herbe.

L'ennemi devenait chaque jour plus redoutable, son impassibilité n'a jamais pu s'en émouvoir. Je ne veux pas savoir ce que la fureur des partis peut reprocher au général O'Donnell (je suis en dehors de tout cela et me retranche dans ma nationalité); mais son attitude dans cette expédition du Maroc, son dévouement, son courage en ont fait une grande figure historique qui dominera de toute sa hauteur les attaques sous lesquelles on devine la passion politique et le parti pris. Je me suis mis à penser, en entendant les discours passionnés des cortès, qu'il vaudrait mieux chercher la solution des problèmes sociaux que de perdre un temps précieux en des discussions amères qui portent sur des faits accomplis et bien accomplis, quoi qu'on en dise. On ne discute pas la gloire. C'était bien assez déjà de discuter la paix dont on mettait en doute l'opportunité.

Il faut avoir vu les choses de près pour savoir jusqu'à quel point ce qui s'est fait était juste et raisonnable. Cette conservation de Tétuan, qui a ranimé les dissidences entre l'Espagne et le Maroc, était le rêve de beaucoup d'esprits qui avaient devant les yeux l'exemple de nos colonies africaines.

Ce n'est pas ici le lieu de discuter cette question, mais je pourrais prouver, qu'en dehors de l'école du soldat et des brillants officiers qui se forment dans nos expéditions constantes, l'Algérie, après trente ans d'occupation, en est encore à cette phase de l'économie politique qu'on appelle consommer sans produire.

Le colon qui n'emploie que ses bras et ceux de quelques serviteurs, portant lui-même à la consommation les produits de sa concession, obtient seul un résultat.

Il est vrai que nous sommes arrivés aujourd'hui au moment où nous allons retirer les fruits de nos sacrifices. Mais je ne crois pas que l'Espagne puisse se donner le luxe de semer pendant trente ans sans récolter. Ce serait trop présumer de la force et de la richesse du pays.

Je réclame le droit de digression en m'apercevant de celle que je viens de faire. Dans un livre né d'observations, il ne faut pas demander trop d'ordre, et laisser un champ vaste à la fantaisie.

J'ai écrit en tête de ce chapitre cavalerie et je cause colonisation. Je suis forcé d'avouer que cela manque un peu de suite dans les idées.

Au retour de l'expédition du Maroc, dans les conversations où chacun se montre avide d'avoir l'opinion d'un étranger sur l'état des choses d'un pays, j'ai rencontré les idées des Espagnols assez fausses sur leur propre cavalerie.

Ils m'ont produit l'effet de ces hommes qui n'ont pas assez d'amour au cœur pour tous leurs enfants, et qui exaltent l'un au détriment de l'autre.

Quand ils parlent de l'armée nationale, ils s'arrêtent d'abord aux chasseurs (infanterie) cazadores, en cela ils ne font que leur rendre justice; puis, passant légèrement sur la cavalerie et donnant les raisons de sa faiblesse et de son infériorité, ils vont s'étendre longuement sur l'artillerie et le génie. Je crois que je suis un des seuls de mon avis, mais j'ai la conviction sincère que la cavalerie espagnole peut rendre d'aussi bons services dans sa spécialité que quelque autre corps que ce soit. Les manœuvres y sont supérieures; le cheval y vaut moins que l'homme, sans doute; mais l'homme vaut beaucoup, et il serait fâcheux que les quelques circonstances malheureuses de la campagne passée accréditassent en Espagne et à l'étranger une opinion défavorable à la cavalerie espagnole.

C'est pour elle que s'est fait sentir le manque de direction. Un maréchal commandant en chef n'est pas tenu de descendre à tous les détails; il est hors de discussion que, dans un pays comme le Maroc, où jamais on ne peut parvenir à rencontrer son ennemi face à face, où les terrains sont très-accidentés, où les collines s'élèvent contre d'autres collines, on ne doit employer le cavalier qu'avec la plus grande circonspection. Qu'est-il arrivé pendant l'expédition? Les premiers mois, l'infanterie n'avait que trop d'occasions de donner des preuves de son courage, chaque fois que le clairon sonnait pour la formation ou pour l'attaque. La cavalerie restait à son camp et les officiers étaient réduits à chercher une hauteur d'où l'on pût découvrir le lieu de l'action pour la suivre des yeux.

Par conséquent, un jour, au bout de deux mois de campagne, on rencontre une plaine où la cavalerie peut s'étendre, et chacun brûle d'en venir aux mains. Les cavaliers sont désireux de briller à leur tour, ils ne tiendront compte d'aucune difficulté, d'aucun guet-apens, et dans une charge héroïque comme celle de Castillejos, ils prouveront qu'ils savent mourir comme leurs frères d'armes.

Le nom des hussards de la Princesse devra être écrit en lettres d'or sur des tables de marbre.

Plus tard, après le passage du cap Négro, de vastes horizons de plaines s'ouvrent à nos yeux. « Enfin, s'écrient les cavaliers, nous n'aurons plus à redouter ces terrains perfides où les chevaux refusent d'avancer, et où le cavalier est forcé de combattre en fantassin. » Mais la terre est plus perfide encore, les plaines couvertes de fleurs, sont des marais où les escadrons de Villa-Viciosa se verront décimés par les balles ennemies sans pouvoir se défendre. Et toujours ainsi. Plus tard encore, aux plaines de Bu-Séja,

L'Albuera voit son commandant rouler dans une rivière contre la rive de laquelle cet escadron avait chargé.

A Vad-Ras, Bourbon et le Roi (el Rey) chargent contre un village situé sur une colline, hauteur semée d'arbres, de pierres, de maisons. Que voulez-vous que fasse le cavalier dans de telles positions?

La réponse est dans notre grand Corneille.

Le cavalier charge sans discuter, que lui demandez-vous de plus?

N'accusez ni son courage, ni sa pauvre monture sacrifiée comme lui.

Souvenons-nous tous que ces guerres d'Afrique sont des guerres fatales, en dehors de toute stratégie apprise et étudiée. Tout change, tout trompe, tout trahit. La nature conspire constamment contre l'homme, et il faut lutter jusque contre les éléments.

Il faudra une autre occasion pour juger la cavalerie espagnole; mais je m'inscris bien haut contre cette opinion trop répandue en Espagne de l'infériorité de cette arme.

Cette étude est certes plutôt une physiologie

qu'une dissertation sur l'organisation militaire de l'Espagne ; il faudrait être soldat pour tenter un tel travail et mon but n'a pas été celui-ci. J'ai vécu avec l'armée espagnole et j'ai essayé de peindre le soldat, tel que je l'ai vu, comme lorsqu'il venait complaisamment poser devant moi pour faire connaitre à mes compatriotes son costume et son type.

L'ARTISTE.

L'ARTISTE

—◦⟡◦—

I

Je confondrai sous la dénomination d'art tout ce qui implique l'idée de création, car les traits qui caractérisent l'homme qui crée en littérature, sont les mêmes que ceux qui s'appliquent au peintre, au sculpteur, au musicien, à l'architecte et à tous les artistes en général.

L'art de la peinture, de la sculpture, de l'orfévrerie; l'art du verrier, du faïencier, les arts plastiques, en un mot, ont été portés à une telle hauteur, sous la renaissance espagnole, qu'on ne saurait comprendre comment il se fait que le jour où la décadence est arrivée, elle ait été si complète et si rapide.

Il est très-rare, dans les arts, qu'un grand nom surgisse seul, c'est au milieu d'une pléiade d'hommes de talent que s'élève ordinairement un grand génie, et il n'y a pas d'exemple d'un artiste vivant seul avec le feu sacré au milieu d'une époque dégénérée et d'un peuple enchaîné par le démon de la matière.

La décadence en Espagne a donc suivi sa marche naturelle; l'art a eu des hauts et des bas, mais sans que jamais un nom nouveau protestât, jusqu'au jour où il est mort entièrement.

Le seul homme qui ait révivifié l'art est Goya, génie farouche, moitié ange moitié Satan, qui faisait communier Saint-Jérôme en répandant sur toute sa face des torrents de grâce, et grimacer des fous derrière les grilles de leur cabanon. Il est arrivé à temps pour peindre l'Espagne pittoresque qui disparaissait, et il a fixé sur la toile pour ceux qui viendront après nous, tout ce joyeux monde de toreros, de manolas, de grandes dames fantaisistes et d'inquisiteurs hideux. Homme inégal, il a souvent montré du génie comme à Tolède et à San-Florida. Souvent aussi il a peint sans idée, se contentant de saisir un côté de la lumière et de la vie qui suffisent pourtant pour assurer un nom à un artiste.

La France est trop voisine de l'Espagne pour n'avoir pas toujours influé sur elle. Après la belle époque, au moment où nous nous occupions à renverser les trônes, nous faisions pourtant de l'art et David a eu des imitateurs qui n'ont jamais eu son génie. Le style impérial a eu ses représentants en Espagne, ils ont même vécu plus longtemps que les nôtres.

Avec l'invasion française a disparu tout le peu de force qui restait à la muse, elle est morte de consomption.

Enfin peu à peu, lentement, à force de travail et de recueillement, Lopez, Ribeira, Madrazo, Esquivel, Galofre et quelques autres ont rallumé le flambeau éteint. Ce sont d'honorables personnalités et de grands talents auxquels il ne manque que l'appui nécessaire pour faire une école et revivifier les arts.

Examinons un peu les tendances artistiques si définies aujourd'hui chez nous mais qui le sont moins par delà les monts.

L'artiste espagnol sort peu de la représentation des faits historiques et des sujets allégoriques ou religieux, et la peinture de genre qui a eu de si grands interprètes chez nous et a conquis ses lettres de naturalisation avec Decamps et tant d'autres, est entièrement ignorée en Espagne.

L'imagination indispensable à l'artiste dans les grandes compositions est un don naturel à l'Espagnol surtout à l'Andaloux. Il suffit d'avoir visité les ateliers des peintres modernes, pour se rendre compte de la facilité et de la *furia* avec laquelle de jeunes hommes qui ne sont pas encore affranchis des liens de l'école, ébauchent des myriades de sujets et fixent sur la toile des mondes de personnages, tout cela confus, impossible, et parfois d'une ligne malheureuse, mais il est plus facile de tailler dans le vif que de mettre un frein ou de donner une direction à cette faculté précieuse, et ce n'est pas un artiste qui fera un crime aux autres d'être doué trop richement.

Rome — qui s'en étonnera? a beaucoup influé sur la direction et sur les tendances de l'art en Espagne. Vous connaissez tous ce laminoir de génie qui s'appelle la Villa Médicis, cette pépinière où entrent tant de beaux génies en germe avec des aptitudes diverses, des dons définis, des tendances arrêtées, et d'où sortent après cinq ans des artistes taillés tous sur le même patron, amoureux des mêmes choses, possédés parfois d'un esprit exclusif qui se refuse à la contemplation de tout ce qui ne sort pas de ce conservatoire des arts. Grande institution s'il en fut, qui a valu à la France de grands artistes, mais qui en a étouffé quelques autres.

Académie forcée, où tous les dieux n'ont pas d'autel et où on ne mesure pas les aliments à l'appétit de chacun. Il faut un tempérament robuste pour n'en pas sortir étiolé, et une foi ardente pour n'y pas devenir sceptique?

Pourtant les dieux qu'on y adore s'appellent Raphaël, Michel-Ange, Dominiquin, Corrége, et le culte qui s'adresse à de telles divinités ne saurait tomber en désuétude.

L'Espagne, non pas d'une manière officielle (puisque l'académie de San Fernando n'a pas de succursale à Rome), mais d'une manière assez régulière cependant, pensionne des jeunes gens qui vont étudier aux grandes sources. Nul doute que ce ne soit le pain des forts. Mais qu'arrive-t-il? Un jeune artiste, frappé par les costumes pittoresques des campagnes de l'Andalousie, se prend d'amour pour les sujets agrestes, se plaît à y chercher ses modèles et à y placer ses compositions; quelque temps encore et ce sera un peintre national qui aura trouvé le secret de faire de la couleur avec le beau soleil d'Espagne, qui devrait inspirer les artistes, et de faire de la ligne avec les costumes et les formes nobles des habitants de la campagne.

Il part pour Rome, s'éprend d'amour pour des sujets qui ne peuvent pas parvenir à intéresser, anti-religieux ou tout au moins indifférent aux choses de la religion ; il fera mourir le Christ sur la croix, ou hurler les Juifs au couronnement d'épines. C'est un mensonge et une aberration perpétuels, et l'homme qui pouvait être un type et une personnalité, devient un artiste ordinaire, confondu dans le troupeau d'imitateurs dont parle Horace, en l'appelant *servum pecus*. Mais non-seulement cette influence romaine s'attaque à l'esprit du peintre ou du sculpteur, mais encore à son exécution. L'école espagnole, comme toutes celles dont les tendances sont bien arrêtées, bien accusées, énergiquement définies, a son exécution à elle, qui n'est nullement puisée à une source voisine ; exécution née d'un tempérament commun à tous les Espagnols, d'une manière de voir toute particulière au pays, d'une influence de climat, d'idées, enfin de tout un ordre de choses existant dans la Péninsule.

On dit : Dans le genre de l'école espagnole, et l'on voit de suite une toile dont le centre est lumineux et éclatant, avec des accessoires admirablement rendus et des coins perdus dans une ombre transparente en même temps qu'elle est très-montée de ton. Le rendu est habile et a un certain air de crânerie qui tient du cavaliero et du capitan. Et cela dans tous, même avec Murillo, qui semble ascétique et voué aux idées douces et aux extases. Aujourd'hui l'exécution de chacun ressemble à celle de tous; mais celle de tous est celle de Rome, celle de la patrie de la lumière, où l'on ignore qu'il y a au ciel un astre vivifiant qui éclaire les êtres et les choses, et leur donne une vie plus puissante que l'expression si elle est moins noble qu'elle. Encore l'expression est-elle liée d'une façon intime à la couleur ou plutôt à la lumière, pour parler d'une façon plus étendue.

La peinture devient donc une espèce de chose officielle, dont le génie est absent et où il n'a que faire.

Notez pourtant que le musée de Madrid est la meilleure école que puissent choisir les artistes; je ne sais pas de musée moins exclusif, tout s'y trouve; il semblerait qu'ayant les dieux de la forme, les Hollandais dussent être sacrifiés. Eh bien, c'est la collection la plus complète après les musées d'Amsterdam et de Rotterdam. Il semble que, sans maître, rien qu'en passant quinze ans de sa vie à se promener entre ces allées de chefs-d'œuvre, on devrait en sortir homme de talent, à la condition de mêler à cela l'étude de la nature et de se souvenir en face d'elle, dans le silence de l'atelier.

La peinture monumentale est bien abandonnée et la sculpture souffre plus encore. La place des Cortès, avec la pauvre statue de l'immortel Cervantes, est l'argument le plus dur en faveur de ce que je dis.

Nous n'avons pas assez fait pour Molière en France; mais en Espagne, le pays des grandes idées aventureuses, comme la découverte des mondes, — Cristophe Colomb, qui est bien plus Espagnol que Génois, n'a pas de statue, et Cervantes est piteusement placé sur un piédestal d'un goût douteux. — Un des monuments modernes de Madrid, le seul où l'on ait fait de la peinture décorative, est le palais des Cortès; c'est une construction classique (ce n'est pas ce que je lui reproche), dépourvue de tout caractère et de toute grandeur, ce pourrait être indifféremment une bourse ou un tribunal. Je connais un grand pays voisin où l'architecture en est un peu réduite à cela, et ce défaut n'est pas commun seulement à l'Espagne.

L'intérieur de la salle des délibérations n'est, pourtant pas sans caractère, et les peintures de Ribeira n'ont pas peu contribué à l'embellir. Pourtant par cet échantillon de ce que peut faire un des artistes modernes les plus sérieux, on peut juger des tendances des autres.

C'est une œuvre froide, correcte, qui aurait pu être faite par tout autre artiste de la même école.

Les compositions sont bien agencées, le dessin (au point de vue anatomique) irréprochable.

Mais pas un éclair, pas un de ces frémissements de la pensée, pas une figure qui vive, qui palpite, et qui vous attire impérieusement.

Cela ressemble un peu à la peinture de Delaroche, alors qu'il ne mettait pas dans ses œuvres les hautes qualités et le sentiment exquis qu'il a apportés dans ses dernières compositions religieuses peu connues du public et qu'il a été donné aux Parisiens de voir à l'époque où, l'artiste mort, on jugea à propos de réunir toutes ses œuvres à l'École des Beaux-Arts.

Malgré le jugement un peu sévère que je me permets de porter sur des artistes qui n'en sont pas moins des hommes éminents auxquels on demande beaucoup parce qu'ils sont la tête du pays, je crois que le mouvement de renaissance dont je m'attache à démontrer l'existence en Espagne, s'appliquera à la peinture.

Beaucoup de jeunes hommes promettent beaucoup, et les œuvres que j'ai vues produites par des artistes qui entrent dans la carrière, me font persister dans cette idée.

Quant à la sculpture, elle est presque délaissée.

La sculpture, le grand art par excellence, celui qui exige tant de génie, des qualités si transcendantes. Charmer avec des couleurs, des passions, des idées et des lignes, cela se conçoit; mais un morceau de marbre est là, froid et dur, vienne un Prométhée qui ravira le souffle et la vie et l'animera. Quel immense effort !

Cadencer ses lignes, séduire avec des moyens si restreints avec l'harmonie de la forme et la silhouette seules.

Je comprends toute la difficulté de cet art, et les grands sculpteurs sont trop rares partout pour que je m'étonne beaucoup de n'en avoir pas rencontré un complet en Espagne.

Pourtant ce pays a produit Montanez, le Berruguete, Cornego, Bourgogne et d'autres. Les tendances de l'art sculptural, en Espagne, ont été bien plus distinctes encore de celles de cet art dans les autres pays, ce serait une raison pour qu'il ne se fût pas perdu.

Montanez a toujours cherché la vie en sacrifiant souvent la ligne générale de sa statue ; il a cherché non pas le réalisme, on a trop abusé de ce mot, mais la réalité ; ses Christ souffrent réellement, les yeux pleurent, les veines se gonflent, tout le corps tremble, et quelle science anatomique ! jusqu'à quel point il l'a poussée, jusqu'à affaiblir l'effet que devrait produire son œuvre.

La grande anatomie puissante de Michel-Ange était tout autre; mais pourquoi faire un crime à Montanez d'être lui-même?

Quant au Berruguete, c'est un prodigieux génie, aidé d'une facilité dont je ne trouve d'analogue que dans un autre artiste Fa Presto. Il a sculpté assez de stalles pour asseoir tous les moines de l'ancienne Espagne et toutes ses œuvres ont un cachet énorme.

Les formes sont ronflantes, les hanches se dessinent comme dans les figures de certains artistes florentins. On dirait de la sculpture faite l'épée au côté.

Voilà des écoles, puisqu'il faut s'attacher à la remorque de quelqu'un, et cette école est nationale. Raison puissante, irrémissible. Être Espagnol en Espagne!

Artistes! pâlissez devant la nature, travaillez avec foi, ayez faim, ayez soif, ayez froid s'il le faut plutôt que de sacrifier à l'art vulgaire!

Votre ciel est beau, vos femmes sont belles, les types que la nature vous a donnés sont grands; vous y trouverez des saintes et des souveraines ; toutes portent au front un cachet de fierté qui annonce de nobles penchants, et vous avez assez des souvenirs de vos devanciers pour continuer chez vous cette grande école espagnole qui a produit Ribeira, Alonzo Cano, Murillo, Velasquez, Montanez, Berruguete, Herrera, Cervantes, Lope de Vega, Fray Luis de Léon et tant et tant d'autres. *Sursum corda.* Vous êtes l'Espagne, et noblesse oblige.

Ce n'est pas assez de commencer à faire des canaux et des routes, de bâtir des ponts et tracer des chemins de fer, les peuples ne vivent pas seulement de pain, il leur faut aussi la nourriture de l'esprit et celle de l'âme. Il faut les instruire, les élever, les ennoblir. Il faut que la chute d'un monde ne passionne pas plus que l'apparition d'un grand poëte.

Vous n'avez plus de mondes à découvrir, découvrez-vous vous-même. Avant de tailler le marbre, avant d'ébaucher la toile, avant d'écrire vos poëmes, avant d'accorder vos lyres.

Invoquez toutes ces grandes galeries de géants, ces hommes qui, pour la plupart, tenaient une épée d'une main et une plume de l'autre, de ces grands penseurs qui souvent étaient des peintres de génie, en même temps que de grands sculpteurs ; tous ces grands cumuleurs de talents, Espagnols jusque dans leurs veines, qui donnaient tout à leur patrie, et qui l'ont fait si grande.

Je me relis et vois que je me suis laissé enthousiasmer, je n'ai pas le rouge au front.

Enthousiasme ! foyer vivifiant qui pourrait tenir lieu de vertu, comme je voudrais te rendre à tous ceux qui t'ont perdu ! Il ne faut jamais douter de ses forces ; à défaut de puissance, ayons l'amour et la foi, et nous nous élèverons.

Je ne puis penser à cette grande époque de la renaissance, à ces grands artistes dévorés de l'amour du beau, sans me laisser aller à des marques de vénération et à une admiration immense pour toute cette grande race.

—◦◦◦—

ARCHITECTURE. — ARCHÉOLOGIE. — RESTAURATION.

L'Espagne est semée de monuments historiques qui sont sa gloire et son honneur; les souvenirs s'entassent sur les souvenirs, malheureusement aussi les ruines s'entassent sur les ruines.

Aujourd'hui on tente une grande œuvre, la conservation de ces jalons historiques qui sont les pages du grand livre d'or de la nation. Noble effort dont il faut tenir compte au pays. Une division nouvelle s'est formée au ministère des travaux publics, et des artistes ont été nommés pour cette tâche. Chacun dans son diocèse est chargé d'étudier les moyens de restauration ou d'entretien des monuments qu'il renferme, et déjà cette nouvelle organisation porte son fruit. Malheureusement les études premières des jeunes architectes s'exerçant seulement sur l'antiquité, sur la Grèce et sur Rome, ils n'apportent pas dans ces études les connaissances archéologiques nécessaires à une telle mission ; leur bonne volonté et leur intelligence, aidées des livres et publications sur ce sujet, ne sauraient suppléer à cette lacune dans leurs études.

J'ai trouvé dans presque toutes les bibliothèques des architectes de département les ouvrages de MM. Viollet-Leduc (très-populaire en Espagne), de César Daly, de Didron, Vitet, Albert Lenoir, Aymar Verdier, etc. L'archéologie qui touche à l'art et à la science est une étude impérieuse, exclusive, qui veut qu'on lui consacre tout son temps, et je préfère encore notre organisation, qui donne presque toujours la conservation des monuments historiques à des hommes qui, vivant au centre des lumières, sont toujours au courant des nouvelles découvertes, des nouveaux ouvrages et des progrès de toute nature qui se font dans cette branche importante.

Voyez un peu quelles seront les dispositions d'un artiste qui arrive aujourd'hui pour restaurer un monument du moyen âge, après n'avoir vécu que dans la contemplation du Parthénon, de Pœstum, de Ségeste ou du temple de Vesta. Sa main, faite aux sévères profils, ne saura jamais se plier à la ligne fantaisiste du moyen âge. Jamais celui qui n'a vu que l'acanthe ne saura sculpter ces feuilles invraisemblables qui forment rinceaux autour d'une porte du xiii° siècle. Le lion grec carré, froid, monumental, simple de forme, fera tort aux gargouilles fantastiques, et jamais la grâce molle et lascive de la renaissance ne renaîtra sous la sévère inspiration de celui qui n'admire que les plis froids et les formes graves de l'art romain.

Il est de malheureux exemples de l'inhabileté de ceux qui ont tenté des restaurations. Je prendrai au hasard dans le nombre l'Alcazar de Séville. L'Alcazar est une perle que les souverains maures ont attachée au front de la ville qui leur était chère. A part la petite salle des ambassadeurs qui, si elle est de la même main, a été plus consciencieusement étudiée, le monument a été mutilé sous prétexte de restauration.

Je ne prétends pas que cela doive frapper la foule, mais quand on a vu l'architecture mauresque, quand on est artiste ou doué d'un certain sentiment, on souffre de voir des mains profanes toucher à de telles œuvres.

J'aime mieux leurs pieuses ruines que ces essais perfides et ignorants.

Je pourrais entrer dans des détails techniques et prouver jusqu'à quel point on a méconnu le génie des artistes maures et dans la forme et dans la couleur. Il y a une science moderne qu'on nie à chaque instant, c'est la philosophie de l'art. C'est pourtant le guide le plus sûr dans les études artistiques. Au nom de cette philosophie qui proclame les œuvres filles des tempéraments de ceux qui les produisent, comment voulez-vous que des hommes sensuels, indolents et paresseux, qui sont habitués à l'harmonie toujours et partout puissent peindre leurs intérieurs de tons violents qui affectent la vue et forcent l'œil à se fermer pour se reposer sur d'autres tons plus doux, — L'harmonie — c'est-à-dire l'ensemble qui résulte des rapports du tout avec ses parties, est choquée. Que fait l'artiste maure, il rompt ses couleurs, éteint ses ors, les place dans des coupoles où l'ombre les atténue, et n'en fait que des touches lumineuses qui leur donnent leur profondeur et leur relief. Dans son ornementation, afin d'arriver à une grande richesse, il a imaginé trois et quatre plans de motifs. Le plus profond est d'un ton uniforme sur lequel viennent se jouer les autres ; mais voyez jusqu'où va sa délicatesse. Jamais il n'enlève un ton franc sur un autre sans découper la silhouette du motif dans le ton général de l'édifice. Il me faudrait des dessins pour montrer quels esprits fins et ingénieux étaient les Arabes quand ils étaient artistes. Or dans la restauration de l'Alcazar, il y a vingt remarques élémentaires comme celles-là qui n'ont pas été faites et qui ne me font trouver aucune compensation dans la restauration du monument. — Encore une fois j'aime mieux les ruines.

L'art mauresque, cet art fou à force d'élégance et de profusion, cette architecture dévergondée dans sa forme, prodigue à pleine main, dépensant et gaspillant tous les trésors de son imagination avec une prodigalité sûre de sa richesse. Art où se lit une force créatrice exubérante, fille du pays où le soleil se lève.

L'architecture mauresque, celle de la mosquée de Cordoue et de l'Alhambra, celle des alcazars de Ségovie et de Séville est, je le sens, un art aussi sérieusement pensé et réfléchi que l'art grec, le plus simple en même temps qu'il est le plus grand. Rien n'y est laissé au hasard et au caprice. Et pas un Christophe Colomb qui découvrira la raison philosophique de ces prodigieux chefs-d'œuvre. Le grec a eu Labrouste et Constant Dufeux, Duc, Quatremère de Quincy. L'art romain est la loi écrite et commentée partout. L'art égyptien a eu Jollois, Hector Horeau, et nos décorateurs modernes. Le moyen âge Viollet-Leduc, Lassus, Millet, Boeswiswald, Ruprich-Robert et beaucoup d'autres. La renaissance a eu Duban, et demain César Daly nous décrira, en la commentant, une architecture innomée qu'il a découverte dans des pays inexplorés jusqu'au-jourd'hui.

Et les filles des kalifes gardent leur secret, et pourtant elles n'attendent qu'un artiste qui leur voue sa vie et ses labeurs pour se révéler à lui, et ce jour-là sera une véritable conquête pour les amants de la forme et pour tous ceux qui vivent de la vie de l'intelligence et se font des fêtes sans fin en face de ces gigantesques poëmes qui racontent les épopées des peuples qui dorment dans la poussière.

Que les iconoclastes qui portent des mains profanes sur ces blancs monuments se rappellent qu'il faut s'agenouiller devant la muse, réciter une fervente prière au Dieu qui fit l'art pour élever les peuples, et ne prendre le crayon qu'après avoir pâli dans l'étude et dans le recueillement.

Il faut entrer bien avant dans le caractère d'une époque pour que les formes créées soient aussi typiques que celles du monument que l'on restaure.

Il faut être très-artiste en même temps que très-savant.

Les mutilations des monuments et l'abandon où on les laisse en font autant de pages perdues pour l'histoire nationale. Je ne sais donc pas de mission plus noble que celle de restaurer une œuvre d'un siècle passé.

Aussi le gouvernement espagnol est-il louable d'avoir tenté ce grand effort; ce qu'il faut aujourd'hui pour compléter cette grande pensée c'est diriger les études de ceux qui seront un jour chargés de cette pieuse mission.

Je parle d'art sans ordre, sans idée préconçue et je traite les questions à mesure qu'elles se présentent, ce livre étant presque une causerie sur l'Espagne.

Il me revient donc à présent que la gravure est complétement morte, sous prétexte peut-être que la photographie saura la remplacer. Il est une tâche belle à remplir.

J'ai parlé sommairement du musée de Madrid et n'ai pas voulu m'étendre sur ce sujet à cause de la publication récente du meilleur livre que l'on puisse écrire à propos d'art, le livre de M. Viardot, qui a épuisé la question; mais beaucoup de toiles remarquables de ce musée ne sont pas gravées, et tout le monde sait quelle étude facile chacun fait en regardant une gravure d'un tableau de maître.

Un pays comme l'Espagne a des obligations envers les autres nations; les peuples soht égoïstes et le sont d'une façon coupable. Pourquoi ne profiterions-nous pas des bonnes et belles choses que nos voisins possèdent, à charge par nous de leur communiquer nos chefs-d'œuvre.

Et quand on pense que tout est réuni en Espagne pour arriver à toutes ces améliorations. Le pays est riche, l'homme intelligent.

Nous avons tous connu ici les jeunes artistes espagnols envoyés depuis une période de dix ans pour étudier à Paris. Les architectes, les graveurs, les peintres, les sculpteurs, tous étaient bien organisés. Rentrés dans leur patrie, soit qu'ils ne trouvent pas un aliment suffisant, soit que le courant artistique les entraîne dans un sens tout autre, ils deviennent de pâles artistes, consciencieux il est vrai, mais froids, sans verve ni tempérament, peu chercheurs et par conséquent finissant par aboutir une production sans caractère, sans cachet et sans puissance.

Toutes les facultés données à l'homme ne doivent pas conduire à ce résultat négatif ; je sais que cet état est presque fatal, eu égard aux luttes intestines qui ont dévoré le pays. Mais aujourd'hui la même excuse n'existe plus ; il faut donc des hommes originaux et non de pâles copistes. Mieux vaut l'erreur, quand elle naît à force de recherches, que cette satisfaction trop facile d'un esprit habitué au convenu et au *poncif*.

L'INDUSTRIEL.

L'INDUSTRIEL

—◦◦✕◦◦—

L'INDUSTRIEL. — LE COMMERÇANT, — L'OUVRIER ET LE SERVITEUR.

Les peuples qui ont le génie des affaires ne méritent en aucune façon notre admiration pour le développement de leur industrie, le progrès de leur commerce, la facilité de leurs échanges et l'étendue de leurs relations.

Il est trop naturel que l'Angleterre qui est une immense manufacture, une prodigieuse fabrique où trente mille machines fonctionnent sans relâche, cherche l'écoulement de ses produits. Je dirai presque qu'il est fatal qu'elle arrive à exporter dans certaines régions, comme le coin entre dans le bois, c'est-à-dire par la force. Son égoïsme est rationnel, naturel, conséquent, indispensable.

Elle n'a pas les moyens de se donner le luxe de la générosité. Je la trouve donc parfaitement dans son rôle, étant industrielle, commerçante et pratique; elle ne fait en cela que suivre sa voie et ses tendances naturelles.

La France, elle, fait déjà un effort sur elle-même pour arriver à l'industrie, l'homme y est intelligent d'abord, persévérant ensuite, assez vaniteux et jaloux de toutes les gloires et de tous les luxes.

Arrive un voyageur vêtu d'une étoffe anglaise résistante et bon marché, le manufacturier la décomposera, en analysera la trame, appellera son contre-maître et, huit jours après, on vendra des pièces de cette étoffe contrefaite qui aura même je ne sais quoi de plus élégant dans le choix des nuances. Peut-être le manufacturier perdra-t-il d'abord à ce travail, mais il est national avant tout et veut lutter contre les fabricants d'outre-Manche. Chaque article aura le même sort, en substituant toujours à la roideur britannique la grâce des produits français.

Malgré cela, il y a déjà une nuance très-sensible, nous ne sommes pas appelés irrésistiblement vers le commerce, l'industrie ou le côté pratique des choses. Nous les subissons, nous suivons la marche, et nos voisins l'ouvrent.

Mais que dirons-nous donc des nations comme l'Italie, l'Espagne et tout l'Orient, dans ces pays où la race indolente, sensuelle et rêveuse, redoute tout travail violent et toute commotion.

La terre, l'*alma mater*, tend son sein et produit presque sans culture ; la nécessité des relations sociales ne se fait pas sentir, l'homme vivant beaucoup au milieu des siens — absence de moyens artificiels de production — absence de chemins et de voies de communications.

Dans un sol vierge gisent enfouis tous les trésors que nous ambitionnons tant chez nous — ici le fer, là le cuivre, la houille et plus loin jusqu'à l'argent, jusqu'à l'or. Mais les besoins sont limités, les goûts restreints, la terre ne s'ouvre donc pas sous la main du mineur.

Le ciel est bleu, les nuits sont belles, l'âme de l'homme du peuple se dilate à une poésie qui naît de la vie contemplative, l'antipode de l'industrialisme. Les perles resteront donc enfouies dans la profondeur des mers, l'œillet de la *huerta* sied mieux aux cheveux noirs de l'Andalouse que les joyaux et les pierreries.

Cette nonchalance de tous les peuples méridionaux les rend tributaires de leurs voisins et quand l'industrie commence à se développer un peu comme à cette époque, ou lorsque des besoins qui n'étaient réservés qu'à une certaine classe se généralisent, elle entraîne avec elle des faits qui nous frappent vivement et nous montrent quels efforts surhumains de telles nations doivent tenter pour arriver à doubler leur nature, la changer et se refaire un second tempérament qui leur permette d'embrasser la carrière industrielle et les idées pratiques.

Les ports du littoral, et les villes manufacturières qui sont situées peu avant dans les terres, font une immense consommation de charbons, c'est pour ces dernières un objet de première nécessité, cela ne fait aucun doute. Or, aux environs de ces villes et de ces ports, à une distance de sept et neuf lieues, existent des mines qui ne sont pas exploitées ou ont cessé de l'être depuis un temps reculé, et cela faute de chemin pour les transports. Que font alors les chefs de manufacture? Ils vont, chose inouie! faire des contrats avec les marchands de charbon d'Angleterre et les arrivages se font par le port même et se consomment sur place.

Ce fait est de la plus scrupuleuse exactitude, il ne se reproduira peut-être pas demain, car chaque gouverneur de province s'occupe en ce moment à relier son chef-lieu à chacun des points importants de son gouvernement. Or cherchez donc la cause de ce fait anormal, presque incroyable.

Elle se trouve dans le peu d'esprit d'industrie des populations espagnoles.

Cette vie, ce mouvement, cette agitation, cette fièvre qui se remarquent dans nos grands centres ou dans ceux d'Angleterre, Paris, Lyon, Marseille, Bordeaux, Londres, Plymouth, Manchester, sont entièrement ignorés là-bas. Barcelone seule acquiert chaque jour de plus en plus cette vie pressée du commerçant qui sait que le temps est un capital. Mais Barcelone à tant de points de vue diffère si essentiellement des autres points de l'Espagne, qu'elle ne peut que faire exception et ne jamais être prise comme type.

En Angleterre, ce n'est pas une route que l'on eût fait depuis la mine jusqu'au point de consommation. C'est un chemin de fer, et il eût apporté la richesse dans toutes les localités qu'il eût traversées.

Combien d'objets, combien de produits restent encore localisés dans certaines provinces faute de moyens de transport.

Au fond de tout cela, il y a encore la grande cause la plus vraie, la plus concluante.

L'Espagnol n'a pas ce désir, qui est commun à presque tous les peuples, de s'enrichir, d'accroître son bien-être, d'étendre ses relations, de voir, d'apprendre, de sentir.

Comment lutter contre cette force d'inertie ? Que répondrez-vous à l'homme qui vous dira : « Vous voulez un capital pour amener des eaux

« dans cette ville qui en manque? Adressez-
« vous à la municipalité; moi, pour ma propre
« consommation, j'envoie tous les matins à la
« rivière voisine. Mon aïeul faisait ainsi, j'ai
« vu mon père continuer, et ma foi je ne m'en
« trouve pas plus mal et ne changerai pas. Je
« sens bien que ce serait une bonne chose,
« mais quand vos machines seront établies, si,
« pour jouir de ce résultat, il est nécessaire de
« payer une redevance, je le ferai. Jusque-là
« voyez-vous, j'irai à la rivère. »

J'ai les noms de la ville, de l'ingénieur et
de l'habitant qui est un des hommes influents
de l'endroit, et constamment ainsi.

Nous avons gravi une montagne qui est à la
porte même de Cordoue et qui serait pour cette
ville une source immense de richesses. Bois,
mineraux, produits agricoles, villas délicieuses,
tout y est. J'ai à peine aperçu quelques puits de
mineurs abandonnés. Combien d'efforts à faire!
Nul doute pourtant que l'immense développement qu'avait acquis Cordoue sous le kalife
Abderame ne fût en partie dû à ce voisinage.

Je n'ai pas besoin de multiplier les exemples

pour prouver qu'il sera très-difficile à l'Espagne de devenir un pays industriel. Il y a dans la manière d'être des différents peuples certaines raisons fatales, certains décrets qui sont dictés de bien haut et qui semblent les condamner à ne pouvoir jamais dompter leur nature. Il ne sera donné à personne de pénétrer les desseins de la Providence, et quel est le philosophe audacieux qui essayera de porter la torche (plutôt que le flambeau) dans ces ténèbres. Pourquoi dans l'œuvre divine tant d'éléments qui sont si peu d'accord entre eux? A côté de la pluie bienfaisante, pourquoi l'inondation désastreuse? Tout près de la douce charité, pourquoi la sourde haine? Auprès du dévouement pieux pourquoi la noire ingratitude? — Calmons-nous, à propos de chemin de fer et d'industrie, je fais une philosophie trouble et prends des airs de misanthrope.

Je trouve pourtant cette boutade sténographiée sur mon album de voyageur. C'est du haut du dôme de l'Escurial que j'ai laissé tomber ces paroles de découragement, en voyant les immenses difficultés que la nature oppose à l'homme qui tente de relier Madrid à Saragosse. Ici des montagnes, là des torrents, plus loin des rochers. C'est peut-être l'application du terrible jugement : « La terre ne produira plus sans culture; tu seras contraint de l'arroser à la sueur de ton front. » Ainsi donc, voici un homme dont j'ai dit le caractère indolent, vivant de peu, travaillant mollement, afin d'acquérir ce qui lui est indispensable; qui, un jour, mu par un noble sentiment, par une émulation louable, tente de sillonner son pays de chemins de fer, il se trouve alors aux prises avec d'énormes difficultés qu'un autre peuple, son voisin, qui est plus industrieux que lui, ne rencontre pas. — J'allais dire cela n'est pas juste, — mais je me rappelle que

Ce n'est pas sans dessein qu'agit la Providence.

Si, descendant des considérations générales qui s'appliquent à la haute industrie et au grand commerce, je cherche les traits qui caractérisent l'homme qui s'adonne à l'échange journalier des produits de première nécessité, je retrouve la même indolence et le même mépris pour le résultat du commerce, la richesse. L'affabilité un peu servile de nos commis de magasin contribue beaucoup au débit considérable des maisons de commerce français.

Quand nous entrons avec l'intention arrêtée d'acheter une chose, nous ne pouvons pas répondre, à Paris, de ne pas sortir de la maison d'achat avec un objet entièrement différent.

Là-bas, c'est tout au plus si vous parvenez à obtenir l'objet que vous désirez ; il faut presque demander pardon au marchand de venir le déranger quand il est en train de humer son havane. Si la marchandise demandée est sur un rayon hors de portée de la main, vous saisirez sur le visage du débitant l'expression d'un ennui amené par l'idée seule d'interrompre son repos profond et son oisive contemplation. Je ne comprends pas pourquoi certains commerçants (je parle de ceux qui tiennent des magasins dans quelques villes d'Espagne) se donnent la peine d'ouvrir ces boutiques le matin; je pense que c'est uniquement par habitude ou pour avoir une occasion, le soir, d'y tenir de ces *tertulias* qui font ressembler les magasins de Malaga, de Cadix et autres points, à des salons d'amateurs.

La fierté inhérente au caractère du pays est pour beaucoup dans la manière d'être du marchand, qui ne passe rien à son client. Une étoffe demandée est dépliée, sa nuance ne satisfait pas entièrement l'acheteur ; au lieu de remuer tout le magasin pour arriver à le contenter, il renferme sa marchandise avec humeur et lui fait comprendre qu'il doit prendre la première pièce offerte ou s'en aller. Je dis avec humeur, ce point n'est qu'exceptionnellement vrai ; car le plus souvent, avec un visage riant et agréable, le vendeur vous indique son voisin en vous assurant que vous trouverez chez lui l'article que lui-même n'a pu vous donner. Et je suis sûr que s'il cherchait bien dans tous ses rayons, il rencontrerait bien vite ce qui lui est demandé.

Cela nous choque, nous, Français, uniquement par comparaison. Nous nous rappelons que, pour le besoin le plus minime, pour la somme la moins sérieuse, on retourne toutes les pièces. Chez nous, il est posé en principe qu'un acheteur est un poisson qui a mordu à l'hameçon et qu'on ne doit jamais laisser échapper.

Supposons que j'ai besoin de cigares, et que, préoccupé ou distrait, j'entre dans une officine où se débite un article entièrement autre. Le débitant s'avance la casquette à la main et le sourire aux lèvres : Que désire monsieur ? — Des havanes bien secs. — Vous croyez que vous allez beaucoup étonner votre interlocuteur? Pas du tout; toujours avec le même sourire, il vous dira: Je n'ai pas cet article; mais j'ai d'excellent gilets de flanelle et des chaussettes bon teint. Votre cravate n'est plus à la mode, nous avons aujourd'hui mieux que cela; du reste, monsieur choisira. Et en un clin d'œil les cartons sont déballés, les cravates s'étalent, les gants, la lingerie; vous n'avez nul besoin de tout cela; mais telle couleur vous attire, telle forme vous séduit, et vous déliez les cordons de votre bourse.

Il n'y a pas d'exemple que dans un magasin, un commis, en livrant la marchandise achetée, vous laisse partir sans vous demander si c'est bien décidément tout ce que vous désirez; les femmes surtout se laissent prendre à ces exhibitions de fraîches étoffes que l'on fait miroiter, que l'on fait valoir, qui leur sont présentées sous leur jour le plus avantageux. Ces subterfuges, ces moyens que nous regardons comme indispensables pour la vente, sont entièrement ignorés en Espagne. Il faut bien déterminer l'objet demandé, dire sa qualité, sa grandeur, afin de ne pas donner trop de peine au marchand. A cette condition vous recevez votre livraison sans qu'on échange avec vous une seule parole. Vous payez, sortez, et tout est dit.

J'ai souvent tenté de faire une espèce de police pour m'assurer de la manière dont une entreprise littéraire à laquelle j'étais attaché, était servie en Espagne. J'entrais dans la librairie où je voyais annoncée la publication; je désirais m'y abonner, disais-je; avez-vous un spécimen? —Oui, il y en a un, on le cherchera, revenez demain. —Je pars ce soir. — Alors vous pouvez aller telle ou telle rue, vous trouverez ce que vous cherchez. Vous le voyez, une complaisance extrême pour vous dire où vous devez trouver;

mais une apathie poussée à un tel point, qu'ils préfèrent laisser gagner à d'autres les primes d'abonnement plutôt que de troubler leur inaltérable repos.

A côté de ce fait, il me souvient d'un autre qui a son éloquence et prouve tout le désintéressement de l'Espagnol, à quelque classe de la société qu'il appartienne.

A Séville, j'allais visiter l'Alcazar; avant d'entrer, je me rappelais qu'il faudrait donner une gratification à la personne chargée de me montrer le palais, et je songeai à me munir de monnaie. Je n'avais sur moi que ces pièces d'or de 25 francs qui remplacent nos louis. Un aguador étalait à la porte une petite boutique peinte en vert; la chaleur était accablante; je pris rapidement un verre de limon glacé et je jetai ma pièce d'or sur son comptoir; l'aguador, fier comme un Andalous qu'il était, me répondit : —Vous n'avez pas soif et vous avez besoin de monnaie; mais je n'en ai pas. —Voulez-vous aller en chercher, je resterai ici? —Non pas, je ne bouge pas, moi.

Je consommai, consommai, sans faim, sans

soif, jusqu'à 7 réaux (1 fr. 50 c.), et me tenais ce raisonnement : Il ne s'est pas dérangé pour percevoir 50 c., il se dérangera pour 1 fr. 50 c. Pas davantage.

— Eh bien! que faire, lui dis-je? — Allez-vous-en avec Dieu, vous reviendrez demain. — Je pars immédiatement pour Xerès. — Que voulez-vous que j'y fasse? — Et je partis. Mais c'était bien fini. J'avais perdu la paix de la conscience, j'avais des dettes! et j'étais vaincu par l'aguador; lui offrir les 25 francs, cela me semblait un peu faire mon duc d'Ossuna, surtout en voyage; du reste, il n'eût pas accepté, j'en suis sûr. Il me fallut enfin le quitter, visiter le palais et raconter le cas à l'administrateur qui me tira d'embarras. Si minime que soit la somme, tout est relatif, et certes cet homme passait bien des journées sans gagner 1 fr. 50.

Il est bien entendu qu'il y a des exceptions; mais en général, le caractère et la manière d'être de ce que nous appelons ici le boutiquier sont tels que je les ai dépeints.

Appliqués au grand commerce, les Espagnols y apportent donc la même indifférence et le même laisser-aller, et c'est pour cela que je pense qu'il leur sera bien difficile d'être un jour une puissance commerciale, dans l'acception anglaise. Il est difficile à un peuple de changer sa nature, et cette lutte d'une nation contre son propre tempérament reste trop souvent stérile pour que cette fois elle réussisse.

Il existe d'autres incompatibilités d'un ordre très-élevé, qui font que la fabrication étrangère doit primer longtemps sur les produits nationaux. Je ne puis qu'indiquer légèrement les causes qui entraînent cet état de choses. Cela tient au droit commercial. J'ai entendu dire à des chefs de fabrique de Barcelone, que, soit la faute des droits énormes à payer au fisc, soit la faute du prix élevé de la main-d'œuvre, dans cette ville, il est impossible à un commerçant de donner à la consommation, au même prix et dans les mêmes conditions de solidité et de qualité qu'un objet exporté de Londres, un objet fabriqué à Barcelone, qui n'a pas eu à payer de frais de transport ni de frais de douane. Ainsi, par exemple, une étoffe anglaise ou française entre en Espagne, paye ses droits à la frontière, a payé ses frais de voyage et se vend 3 francs le mètre. La même étoffe, fabriquée à Barcelone, dans les mêmes conditions de qualité et de confection, coûtera le même prix.

Or, nous savons tous qu'il existe une anglomanie et une francomanie qui font que les étoffes, pas plus que les hommes, ne sont prophètes dans leur pays, et nous sommes trop enchantés d'acheter le produit étranger à l'exclusion du nôtre propre.

C'est cet esprit de nationalité que je voudrais voir dans la péninsule, et, comme en Espagne, on consomme les produits du sol, de même je voudrais voir les nationaux se servir des produits de l'industrie fabriqués dans leur pays.

Il est certains objets, au contraire, qui valent beaucoup moins cher que le produit exporté et qui ont la même durée, les mêmes qualités, qui sont délaissés pour des objets étrangers moins solides, moins élégants, et qui ont le tort rédhibitoire de n'être pas espagnols.

J'ai parlé ici de Barcelone, qui est, selon moi, le centre d'où partira tout progrès industriel et commercial, centre actif, intelligent. Si ce que j'ai dit est vrai pour cette ville, à plus forte raison pour Madrid, Cadix, Séville, et autres points.

L'Andalousie est bien certainement la partie de l'Espagne où toutes les qualités et les défauts du peuple dont je parle, sont le mieux écrits. Et commercialement parlant, les villes d'Andalousie, qui sont les plus charmantes à visiter pour les voyageurs, sont le moins avancées pour le commerce. Je ne parle pas ici des villes du littoral où il y a un commerce indispensable et une activité dus à l'agglomération des arrivants. Chacun vient à Malaga comme à un point de ravitaillement, et Cadix est très-animé aussi à cause de son port qui a l'une des situations les plus favorables au développement du commerce.

———•◦◦◦◦•———

L'ARTISAN.

L'ARTISAN

—•◦)◦(◦•—

I

L'ouvrier espagnol réunit une somme de qualités que n'a pas le nôtre, et cependant, comme résultat de travail, toutes ces qualités sont annulées par la même disposition indolente que je viens de signaler chez le commerçant.

Il est sobre comme tout Espagnol, digne et intelligent. Sa dignité consiste dans le peu de besoins qu'il a, qui ne l'amènent jamais à l'état de gêne que nous rencontrons dans ces ménages du faubourg Saint-Antoine et de la banlieue de Paris. L'ivresse et la dissipation lui sont deux choses inconnues et qui n'amèneraient chez lui que dégoût. Son intelligence a sa source dans sa fierté, et je dirai comment.

L'apprenti brûle d'être maître. Il est appliqué, écoute et suit avec attention les leçons de son patron, souffrant de son ignorance. Bientôt il va s'essayer tout seul, et travailler à se passer de ces conseils qui lui pèsent. Enfin le voilà arrivé au niveau ; à partir de ce moment, si son travail est purement celui d'un journalier à la tâche, toute son ambition se résumera à ceci : gagner la somme nécessaire pour vivre, et cela lentement, sans feu, sans verve.

Sa main laissera l'outil pour rouler une cigarette consciencieusement, longuement faite, et quand elle sera allumée et qu'il continuera son travail, nul doute que ce labeur laissera quelque chose à désirer. Une aptitude remarquable de l'ouvrier est celle-ci : ennobli par le travail intelligent, il s'y élève bien vite, et, tout étranger que l'Espagnol soit à l'art du mécanicien, tous les ouvriers que nous avons vus dans les ateliers de chemins de fer arrivaient promptement à satisfaire complétement leurs chefs d'atelier. De sorte qu'aujourd'hui beaucoup de ceux qui, dans des entreprises anglaises ou françaises, avaient des ouvriers étrangers, ont fini par les remplacer par des nationaux, qui joignent à l'intelligence ce que n'ont jamais les nôtres, c'est-à-dire l'assiduité au travail et la régularité dans leur présence à l'atelier.

Ils sont lents, il est vrai ; mais *le lundi*, cette plaie de nos constructions et de nos ateliers, n'existe pas pour eux.

Ce qui manque en général, c'est l'habitude du travail et la continuité dans la construction et dans la fabrication. Mais si, comme cela semble s'annoncer, l'activité continue dans les percements de rues, les constructions de monuments et les améliorations de toute sorte, l'ouvrier, qui pourra compter sur un travail assuré, se prêtera aux exigences de ceux qui pourront lui garantir son existence en échange de son labeur.

—◦◦◦—

9.

II

LES SERVITEURS.

Rappelez-vous mon chapitre du soldat. Lorsque j'annonçais les qualités indispensables à celui qui embrasse cette carrière, je me trouvais justement faire l'énumération des qualités inhérentes à tout Espagnol.

Aujourd'hui, je puis dire que ce peuple a tout le contre-pied des qualités qu'il faut pour être bon serviteur. Nul doute que ceci ne soit pas un état social, et à Dieu ne plaise que je blâme quelqu'un de n'être pas né pour brosser un habit. Bien au contraire, je ne puis que l'en féliciter quand cet habit n'est pas le sien, sans pour cela fomenter des idées socialistes et subversives.

Je me serais abstenu de parler de cette classe, si vraiment elle n'ouvrait pas un champ très-large aux considérations d'un ordre élevé, et si l'on ne pouvait en tirer des déductions très-significatives.

La seule manière d'amener un homme attaché au service d'un autre à remplir ses fonctions avec conscience, est de s'en faire un ami et de lui inspirer un intérêt assez fort pour qu'il souffre en quelque sorte de vous voir manquer de quelque chose.

Voilà toute la théorie spontanée des Espagnols avec les gens qui les servent. Une familiarité que des Anglais trouveraient d'un goût détestable s'établit entre les maîtres et les serviteurs.

(Je parle toujours de la classe moyenne, la classe bourgeoise, comme on dit en France; car il est entendu que dans les grandes familles, le nom illustre fascine toujours les valets, qui arrivent à une soumission et à un silence complets.)

A table, la domestique s'intéresse à la réussite de tel ou tel mets, et adressera la première la parole à son maître ou à sa maîtresse; le domestique, lui, plaisantera librement et avec une franchise qui dénote qu'il sait être de la famille. Tout cela est simple, bon enfant, naturel, sans pose ni roideur. La famille existant beaucoup plus que chez nous, on rencontre des vieillards attachés depuis bien des années aux mêmes maisons, et de vieilles servantes auxquelles on passe tous leurs défauts, à cause de l'intérêt qu'on a pris à leurs personnes mêmes.

Mais si, en dehors de la famille, vous avez besoin des gens de service, soit dans un hôtel, soit dans un café ou un établissement public, cela devient singulier et comique à force de laisser-aller. Vous sonnerez, crierez, vous vous impatienterez, et un quart d'heure après, arrivera le muchacho, bien calme, bien posé, qui vous demandera avec une sérénité parfaite si vous avez sonné. Vous êtes désarmé par un tel sang-froid ; vous demandez ce dont vous avez besoin, et vous attendez encore une grande demi-heure. Revient le garçon qui vous annonce qu'il n'a pu se le procurer, en ajoutant une phrase sentencieuse qui vous parlera de calme et de patience.

Dans un café, n'espérez pas lire tel ou tel journal; contentez-vous du premier venu. Bien heureux d'en avoir un.

Vous resterez assis à une table une demi-heure sans être servi; vous avez demandé trois fois, et, pour mettre le comble à cela, revient le garçon, toujours aussi digne et calme:

Qué va ser cavaliero? Vous vous impatientez, vous partez; pas un mot pour vous retenir, mais non plus pas une violence. *Con Dios*, et tout est dit.

Jamais un domestique ne s'astreint à l'être entièrement, et la preuve la plus grande est que la livrée est fort rare en dehors des équipages. L'homme sait ce qu'il vaut, il a assez le sentiment de sa dignité pour se refuser à abjurer son individualité. Il faut des signes extérieurs qui lui démontrent une grande supériorité, comme un uniforme ou de grandes dignités civiles; en dehors de cela, il sert comme s'il rendait un service à un ami qui l'a prié d'aller chercher ce dont il a besoin. Et comme la nature est logique en tout, et qu'on ne saurait mieux servir un ami qu'on ne se sert soi-même, l'ami est assez mal dans son intérieur.

Mais tant mieux! ne nous en plaignons pas, je me suis toujours méfié des peuples qui faisaient de bons serviteurs, cela ressemble un peu trop à ceux qui font de bons esclaves. Le sage n'affirme rien qu'il ne prouve, j'ai lu cela à la fleur des ans, dans un livre que n'aimait pas ce charmant esprit qu'on appelle Toussenel, dans M. Lhomond, *Grammaire française*.

Je veux donc donner ici un exemple de la fierté naturelle aux serviteurs espagnols; c'est une histoire simple, naïve, qui me paraît avoir son caractère, et en tout cas qui vient trop bien à l'appui de mon jugement pour que je ne la cite pas.

La scène se passe à Malaga (oh! Andalousie).

Colonel F., trente-cinq ans, *bel officier, violent* (Catalan).

Le comte D....., *son hôte, cinquante ans, cavalier accompli*.

Mesdemoiselles D., *deux grands yeux noirs sur fond pâle*.

José, *brosseur du colonel* (Andaloux ren-forcé).

Le colonel, choyé par son hôte comme tous les officiers qui reviennent de la guerre du Maroc, dîne plus souvent à sa table que dans l'appartement qu'on lui a donné. Un jour il rentre chez lui à l'heure du repas et trouve sa petite table toute dressée et le puchero fumant, José à son poste et prêt à le servir. Le colonel va s'asseoir et trouve sous sa serviette une lettre de son hôte qui le prie de se joindre encore une fois à eux, et puisqu'il a des scrupules de s'asseoir chaque jour à la table de famille, de joindre au moins sa cuisine à la sienne et de l'honorer ainsi de sa société ; tout sera en commun, José servira aussi avec le domestique du comte.

Le colonel se lève, s'apprête à descendre et dit simplement à l'assistant : Descends ces plats déjà servis, je dîne chez le comte, et suis-moi. —Mais, mon colonel, puisque tout est prêt ici, dînez ici. — Non ; le comte m'invite, descends ces plats. — Cela sera froid, vous dînerez mal, vous aimez fumer entre le dîner et le dessert, mon colonel, vous serez mieux ici. — Oui, cela est vrai, mais mon hôte est si aimable ! Je t'attends. Et le colonel ouvre la porte. — Eh bien ! franchement, mon colonel, je ne descends pas le dîner, moi. — Comment, je ne comprends pas, que veux-tu dire? — Oui, mon colonel, je ne descends le dîner à aucun prix. — Comment, drôle, un refus à un ordre aussi simple? — Oui, mon colonel. — Tu ne descendras pas? — Non, mon colonel. L'officier supérieur était jeune, violent, une contestation sérieuse s'élève, il rappelle au soldat que c'est un cas de désobéissance et d'insubordination ; le soldat reste calme et oppose à la violence de l'officier un silence irritant. La selle était là sur un chevalet, les fontes présentaient les pistolets à portée de la main; le colonel en saisit un et s'élance vers son assistant. Là il lui réitère, le canon du pistolet appuyé sur le front, l'ordre de descendre la table. Pas un geste, pas un signe. Le colonel revient à lui, jette son arme tout armée dans un coin de la chambre, et une détonation se fait entendre. Une ordonnance de cavalerie qui se tenait toujours à la porte de la rue monte. L'officier donne l'ordre de conduire le soldat en prison, lui promettant une sévère instruction. Puis troublé, pâle comme un homme qui vient d'éprouver une violente émotion, il descend lui-même sa table et raconte l'événement au comté. La soirée se passe à chercher la cause qui a pu amener un soldat à jouer sa vie contre un caprice qui ne peut avoir aucune raison d'être. La nuit, cette idée tourmente encore le colonel qui, devenu calme, n'a nullement l'idée de faire passer son brosseur au conseil de guerre. Enfin, le matin il se rend au quartier, entre dans le cachot de José, et là, comme un confesseur, le presse d'avouer ce qui l'a amené à ce refus.

Mon colonel, dit-il, je reviens du Maroc et me suis battu comme un soldat, tout le monde me considère ainsi, et je suis honorable. En paraissant devant ces deux jeunes filles qui sont si belles, chargé de la table, je redeviens un domestique, et cela m'humilie. J'ai refusé au risque d'encourir les peines les plus graves.

Mon histoire n'est pas bien émouvante, mais qu'il est bien Andaloux le soldat, et que le colonel est bien Catalan ! Bref, comme ils sont

Espagnols tous deux, ils finissent par s'entendre; il n'y a pas jusqu'aux deux Rosines (je
les vois encore) qui n'aient été flattées de l'attention de José qui voulait conserver tout son
prestige à leurs jolis yeux. La raison la plus
sérieuse dans ce fait, ce n'est pas la dignité bles-
sée, non; s'il n'y eût eu que des hommes à
table et que les deux jeunes filles eussent été
laides, le colonel n'aurait rencontré aucune ré-
sistance de la part de José.

PRÉJUGÉS DES ESPAGNOLS.—PRÉJUGÉS DES FRANÇAIS.
LES BRIGANDS. — LES ROUTES. — LES AUBERGES.
—LA RELIGION.

Nous avons un compte à régler avec l'Espagne, et puisqu'elle prétend que nous, Français, nous avons beaucoup de torts envers elle et la jugeons à un point de vue très-faux, nous établirons à notre tour que l'Espagnol se méprend étrangement sur l'idée qu'on se forme ici de l'état des choses dans la Péninsule.

Vous autres Français, nous dit-on partout, vous vous figurez, quand vous n'avez jamais perdu de vue le clocher de Saint-Denis, que nous sommes plongés dans la barbarie la plus épaisse et que nous ne sommes pas plus avancés que les Cafres ou les Hottentots; vous vous demandez combien de tromblons il faut acheter pour traverser la Sierra-Morena, et quelle quantité de revolvers nous devons prendre à notre ceinture pour aller de l'Alcazar de San-Juan à Cordoue.

Vous êtes parfaitement persuadés que la galanterie est à l'ordre du jour dans la société féminine, et que les Espagnoles n'ont d'autre ressource contre les attaques des hommes que le poignard que votre imagination attache à leurs jarretières.

Vous croyez à n'en pas douter qu'on ne peut parcourir l'Espagne qu'à pied ou à cheval faute de chemins et de voies de communication, et personne ne vous ôtera de l'idée que nos compatriotes passent leur vie à regarder les nuages de fumée de leurs cigarettes, à danser des boleros, des fandangos, des jotas aux sons des castagnettes et du pandero.

Enfin, si l'on vous dit qu'une diligence est partie de Malaga pour aller à Grenade, vous plaignez le sort des voyageurs, sûrs que vous êtes que dès qu'elle se sera enfoncée dans les défilés de la première montagne venue, il va sortir une bande de brigands armés jusqu'aux dents qui, de connivence avec le conducteur, vont les plonger dans des cavernes affreuses jusqu'au jour où la famille éplorée viendra déposer la nuit, sous le pied de la croix qui se trouve à tel carrefour, une rançon de 10,000 duros.

Vous avez encore cent autres petits préjugés qui ne font de mal à personne, mais qui sont souverainement ridicules et qu'il faudra perdre. Exemple, chaque femme espagnole couche avec son éventail et porte des jupes si courtes que vous vous en alarmez. Le pied est si petit, si petit que le chausser est une prétention, les jeunes filles n'ont que des yeux immenses dans la figure et décochent à tout passant des œillades si incendiaires et si passionnées qu'il faut en mourir ou se rendre, chacun de nous ne sort jamais sans son échelle de soie dans sa poche, et les balcons et miradores ne sont faits que pour permettre au galant Lindor d'accrocher plus facilement l'escalier qui va le conduire à ce paradis où il y a autant d'élus que d'appelés. Enfin, depuis Madrid jusqu'à Cadix, à partir de minuit ce ne sont que chants et

sérénades, que plaintes amoureuses et mystérieux rendez-vous. L'air retentit du son voilé
de la guitare, et sous chaque fenêtre passe et
repasse une ombre à la longue cape et au som-
bero extravagant.

Quelle profonde erreur! D'abord nous ne
croyons pas un mot de tout cela, car si nous
en croyions seulement la moitié, nous parti-
rions tous immédiatement pour l'Espagne, et
toutes les routes seraient sillonnées de voyageurs qui voudraient se donner une fois dans
leur vie la joie d'être arrêtés par de vrais
brigands qu'ils n'auraient pas costumés eux-
mêmes. Ensuite ce serait un enchantement
continuel et un Décaméron vivant, et moi qui
ne suis pas d'une sévérité outrée et qui ne demande pas mieux que de semer des fleurs dans
la neige, j'achèterais plutôt deux échelles de
soie qu'une seule. Que dis-je, deux échelles,
j'en achèterais vingt!

J'ai tort de parler avec tant de gaieté; mais
j'ai lu dans un petit volume qui a bien son
prix (un charmant petit Horace de poche que
je vous recommande) qu'on peut très-bien dire

avec une forme légère les choses les plus sen-
sées et les plus vraies. Et je trouve qu'il a cent
fois raison, ce volage poëte qui essuyait sur
les lèvres de Chloé ses lèvres encore mouillées
des baisers de Lydie.

Pour ce qui est des choses, nous avons en
France une idée assez exacte de leur état; c'est
plutôt sur l'homme et sur sa valeur personnelle
que nous sommes généralement dans l'erreur.

Je n'ai besoin de dire à personne que je suis
parti à cheval de Madrid, et que j'ai traversé
tout le nord sans rencontrer d'autres compagnons de route que des arrieros qui me sa-
luaient d'un cordial : Allez avec Dieu, et des
gardes civils qui vivent au sommet des montagnes les plus ardues et les plus difficiles à
gravir, uniquement pour protéger le voyageur.
Vous connaissez tous l'admirable organisation
de notre gendarmerie française, je doute qu'elle
soit mieux établie que l'institution de la guar-
dia civile d'Espagne. La différence peut porter
sur le luxe de l'équipement, la supériorité de
la monture, la précision des armes; quant au
moral de l'individu sur lequel on se montre si

difficile en France, il ne le cède en rien au moral du personnel espagnol.

Du reste, les voleurs sont en baisse; partout, quoique l'audace des hommes nés pour le mal ne connaisse aucun frein (exemple le crime commis récemment dans un compartiment de chemin de fer), les attaques à main armée se font plus rares de jour en jour; il faut toute la naïveté d'un bourgeois du dix-septième arrondissement, qui n'a jamais quitté Paris, pour croire à la farouche réputation qu'Edmond About a faite à Hadji-Stavros qui, je le crains bien, n'a jamais existé.

Pauvres Grecs! Vous n'aviez déjà pas une réputation bien pure, comment vous jugera-t-on maintenant que vous servez de texte aux amusantes plaisanteries d'un de nos écrivains les plus accédités?

Il a été de très-bon ton en France, à une certaine époque, de déclamer contre les auberges sordides de l'Italie et de l'Espagne. Les gastronomes ont proclamé ces nations hors la loi, à cause du goût de chacun de ces peuples pour telle ou telle sauce, tel ou tel mets. Je parlais plus haut de la fatalité à propos de la décadence ou de la prospérité d'un peuple. J'ai peut-être rapporté de notre fréquentation des Maures des principes peu orthodoxes, mais au fond de tout cela, croyez-moi, je sais comment s'appelle ici le *fatum* antique.

N'est-ce pas un décret de la Providence qui veut que chaque peuple profite des éléments que lui fournit son sol et son climat ? Je parle de la Providence à propos d'huile et de fromage, mais il n'y a rien de vulgaire dans une cause comme celle que je défends. En effet, le midi de l'Espagne est couvert d'oliviers, et les pâturages de l'Italie sont peuplés de bestiaux. Cela me semble trop naturel qu'on consomme sur place les produits du sol. Les Anglais y trouvent à redire, mais je n'ai jamais lu nulle part un seul reproche à l'égard du charbon de terre dont la fumée noircit leurs monuments. La mine est à deux lieues de Londres et à la porte de Manchester, et je trouverais les Anglais bien coupables s'ils allaient chercher dans la Norwége des sapins pour entretenir les hauts fourneaux et les usines.

Je ne veux aucunement nier qu'il y ait certains détails du confortable parfaitement ignorés par delà les monts, dans ces caravansérails qui reçoivent les voyageurs ; mais tout cela tient à des besoins autres que ceux que nous ressentons, à des conditions de climat, d'habitude, à des aspirations vers un ordre de choses tout différent.

Je me suis expliqué à ce sujet, quant à ce qui regarde le service, dans le chapitre intitulé *Du serviteur.* Il y a une allégation assez généralement répandue qui est une erreur flagrante. On parle ici du peu de soin, tranchons le mot, de la saleté avec laquelle sont tenues les auberges espagnoles et italiennes. Plus tard je m'expliquerai sur l'Italie; mais j'en appelle à tous ceux qui ont parcouru l'Espagne. Le mode de décoration intérieure est au contraire le plus convenable à rendre la propreté facile. En effet, si nous sortons de ces hôtels élégants où la vie est fort chère à cause du luxe avec lequel voyagent ceux qui y descendent, et si je prends pour moyenne la posada de seconde classe, les murs sont blanchis à la chaux et les plafonds décorés avec des solives apparentes presque partout. Comment voulez-vous que ces logements soient malsains ou mal tenus? la moindre poussière y fait tache. Je dirai mieux, c'est que j'ai trouvé partout un grand luxe dans le linge, et chacun sait que c'est en voyage l'élément le plus délicat.

Mais ne comptez-vous pour rien la bonne hospitalité franche, cordiale, la liberté complète où chacun laisse son voisin d'agir comme il l'entend, sans épiloguer sa conduite, cette absence complète du petit esprit de la province, l'indulgence plénière dans les jugements portés sur la manière d'être de tel ou tel, indulgence qui n'a pas sa source dans une morale trop facile, mais plutôt dans une charité assez rare dans tous les pays de l'Europe?

J'ai hâte d'en finir avec ces renseignements qui sont plutôt du ressort des Guides-Richard que d'un livre tel que celui-ci; je veux arriver à un sujet difficile, délicat, et qui a une importance énorme quand on parle de l'Espagne.

IV

DE L'INFLUENCE DE LA RELIGION
SUR LE GOUVERNEMENT.

Il a existé une Espagne fanatique, cruelle, aveugle, qui avait exagéré d'abord le principe monarchique pour exagérer ensuite le principe religieux, à tel point que le symbole de la dynastie autrichienne pourrait être un couvent et un palais, l'Escurial. Et ce pays était tellement habitué aux grandes choses et aux grandes formes, que ce symbole est puissant comme lui, et que pour extirper jusqu'à la dernière manifestation de cette époque, il faudrait détruire la plupart des grandes œuvres qu'elle a fondées, marquant fortement son passage et s'imposant avec une force et une énergie qui ne sont généralement pas le type de l'erreur, mais plutôt celui de la conviction. On a agité en Espagne une immense question presque résolue chez nous, et facile à résoudre au temps où nous vivons, parce que nous avons traversé des époques orageuses et qu'il y a en France certaines choses qui sont mortes et qui n'y revivront malheureusement jamais.

Un homme illustre, une des lumières de l'Espagne moderne (Donoso Cortès, le marquis de Valdegamas), croyait fermement *que le progrès ne résulte que de l'assujettissement absolu de l'élément humain à l'élément divin.* Il demandait que Dieu absorbât l'homme : et les gouvernements qui se sont succédé depuis ces tristes époques de la terreur religieuse ont toujours agité ce grand problème. L'inquisition n'avait pas hésité un seul instant, elle avait supprimé l'homme ; mais les idées se modifient avec le temps, et les rois se succédant, on était arrivé à une espèce de réconciliation, à un compromis entre le catholicisme et la monarchie, et le trône s'élevait à l'ombre de l'Église.

Cette doctrine, qui nous paraît singulière, n'était pas simplement une spéculation de l'esprit de quelques-uns, elle était le drapeau de toute une école, et c'est grâce à ce principe absolu, qui ne trouva sa formule que bien des siècles après qu'il avait été mis en pratique, qu'on a pu voir l'idée religieuse jointe à l'idée monarchique, depuis l'inquisition jusqu'au commencement du siècle.

Sans doute, il y eut décroissance, une secousse aussi terrible que celle produite par notre révolution de 89 devait se faire sentir jusque chez nos voisins. Il n'en est pas moins vrai que les souverains de l'Espagne portent le titre de *Majestés catholiques*, et que cette dénomination n'est pas seulement une formalité de protocole, comme le titre de roi de Jérusalem de Victor-Emmanuel, et celui d'autres souverains de l'Europe.

Chaque fois qu'il s'agitera en Europe une grande question religieuse, on verra l'Espagne s'émouvoir, chaque fois que les intérêts du Saint-Siége seront lésés, et qu'il sera question comme aujourd'hui, de séparer le temporel du spirituel, on ne devra pas s'étonner de la voir essayer de faire pencher la balance du côté du saint Père.

Le pays est religieux, cela n'est nullement discutable; mais le gouvernement, plus qu'aucun de ceux qui l'ont précédé, s'est fait l'ami plutôt que le sujet du pouvoir religieux; néanmoins, ils restent encore fermement unis, et il sera toujours fort difficile, chez nos voisins, de saper la religion ou de toucher aux droits de ses ministres, sans que le trône s'en ressente et sans qu'il prenne fait et cause pour ceux qu'on attaquera.

Quant aux manifestations extérieures, quant à cet appareil presque grotesque que la religion affectait à ces tristes époques de l'inquisition, tout cela a complétement disparu, et les ministres de Dieu n'en font plus aujourd'hui ce souverain terrible et jaloux qui n'apparaissait autrefois que pour punir. La religion est plutôt une consolation qu'un devoir, et ce n'est pas par crainte de la damnation éternelle et des flammes problématiques auxquelles les ministres d'alors vouaient leurs pénitents, qu'on voit aujourdhui le peuple s'agenouiller au pied des autels et suivre respectueusement le saint sacrement en sortant du travail.

Je n'en veux pour preuve que cette douce croyance à la Vierge, ce culte touchant que l'on voue à Marie dans toutes les campagnes et même dans les grandes villes de l'Espagne. Elle ne sait que pardonner et consoler ; aussi lui ouvre-t-on son cœur avec confiance et lui demande-t-on l'allégement de toutes les peines et de toutes les douleurs. C'est par elle que les larmes se tarissent et que les cœurs renaissent à l'espérance. Aussi, voyez quelle affluence à l'autel qui lui est consacré. De pieuses mains entretiennent les fleurs qui croissent à l'ombre du tabernacle, et son divin Fils lui-même voit la pierre qu'on lui consacre délaissée pour l'adoration de sa douce Mère.

V

DE LA DIGNITÉ LITTÉRAIRE.
— LES NATIONALITÉS DEVANT LA CRITIQUE.

J'estime qu'on doit remercier le ciel de ne pas être gluckiste quand on parle de Piccini (c'est le seul cas, du reste, où je pense qu'on puisse s'en féliciter, Gluck est mon dieu !) On ne court pas risque de rencontrer des gens qui viennent vous dire : Monsieur, vous n'avez nul mérite à nous attaquer; vous professez la doctrine contraire à la nôtre, vous êtes juge et partie dans la question, vos arguments sont sans force, vous avez vécu longtemps dans la contemplation de vos idées, et vous avez fini par vous en exagérer la portée; vous ne voyez de solution possible qu'à l'aide de vos doctrines. Amenez-moi un juge impartial, compétent,

aussi versé dans la connaissance des œuvres de
Gluck que de celles de Piccini, de plus, suffi-
samment froid pour ne pas se laisser enthousiasmer outre mesure, et nous pourrons peut-
être alors nous en remettre à son jugement.
Quant à vous, vous êtes de la famille de M. Josse
et vous êtes orfévre.

Le nombre d'hommes qui peut passer indifféremment d'un camp dans un autre sans
épouser la querelle de l'un des deux est tellement restreint, que ce ne peut être qu'une
preuve de génie ou de banalité. A défaut de la
raison, le cœur doit parler et considérer
comme presque impossible, après avoir mangé
le pain de l'hospitalité à la table d'un hôte, de
ne pas se laisser entraîner par un de ces mouve-
ments sympathiques qui nous empêchent de
juger sainement des choses.

Je me rappelle une pièce de théâtre devenue
populaire à Paris il y a quelques années, où
l'un des personnages, type d'un Juvénal en habit noir, voulait bien condescendre à tremper
dans le vice de son siècle, à en épouser les petites turpitudes, les lâchetés, les bassesses,

voire même les infamies ; seulement, dans certains entr'actes que son tempérament satirique se ménageait, sa conscience se révoltait et on l'entendait se déchaîner en ïambes forcenés et en diatribes virulentes.

Un soir donc, à souper chez un de ses amis auquel il disait trois fois par jour : tu es un homme taré, et certainement je ne te confierais ni ma fille ni ma nièce, pas même ma bourse ; il était assis entre deux de ces femmes *qui vendent le doux mot d'amour*, faisant face à une demi-douzaine de gredins très-élégants ; il avait, pendant tout le repas, partagé son attention entre les épaules de ses voisines et les mets succulents qui ne faisaient qu'apparaître sur son assiette ; il venait de sabler les vins les plus authentiques et les plus vieux. Un remords le prend, il se lève et porte un toast. Coup de scène !

Son toast, je ne vous le rapporterai pas textuellement, il a vécu ce que vivent les pièces de certains théâtres, mais il revenait à peu près à ceci :

Je viens de manger vos truffes, c'est vrai (je les eusse préférées noires, mais enfin c'est un détail) ; j'ai bu votre champagne, je ne le nie pas (avouez que vous eussiez pu le faire frapper); j'ai peut-être même un peu fatigué ces deux dames, mais je n'aime que les brunes, et elles sont blondes. Néanmoins, cela ne m'empêchera pas de vous dire, avec toute l'énergie dont je suis susceptible, ici même, *inter pocula*, que vous êtes des faquins et des pieds plats, que vous cracheriez sur votre père pour un petit écu, et renieriez tous les principes que vous dites avoir pour une concession de chemin de fer. Jusqu'à présent j'ai bien voulu me traîner dans la boue avec vous, tripoter un peu dans les actions et donner par-ci par-là des coups de canif dans tous les contrats possibles; mais aujourd'hui, effrontés que vous êtes, cyniques sans vergogne, je viens vous rappeler qu'il y a d'autres joies ici-bas que celles que l'on trouve à table entre des demoiselles et des primeurs de chez Chevet; que l'homme a des devoirs à remplir envers la société et envers lui-même; que vous laissez votre vie s'écouler d'une façon coupable dans une lâche mollesse et dans la satisfaction d'appétits brutaux. Le tapis vert que couvre l'or tombé de vos prodigues mains ne vaut pas ces longs tapis de mousse et de gazon où brillent les pâquerettes et les boutons d'or; il y a le luxe des hommes et celui du bon Dieu ; il ne me touche pas beaucoup, c'est vrai, et j'aime mieux m'étaler dans un carrosse de chez Bender, traîné par deux vigoureux mecklembourgeois que d'aller rêver le long des sentiers fleuris. Mais enfin tout cela ne fait rien, j'ai des principes et je ne suis gangrené qu'à la surface. Vous autres vous êtes perdus, parce que vous vous faites un piédestal de votre vice. Je suis sûr que vous ne vous corrigerez jamais, éhontés que vous êtes! vendus ! grands prêtres du vice et de la lubricité !

Couronnez ma coupe de roses de Provins, Tibur est trop loin d'ici.....

Je bois à vous, hommes de la décadence !

N'oubliez pas toutefois que si vous avez encore un dîner comme celui-ci à m'offrir, je suis une fourchette intelligente, croyez-moi ; frappez toujours le champagne, il gagne beaucoup ; et rappelez-vous que les truffes blanches sont fades. Quant à ces dames je ne leur en veux nullement, seulement elles devraient être brunes, et elles mériteraient des coups de cravache pour avoir huit mille francs de Chantilly à leurs jupons, tandis que madame leur mère est concierge dans la Cité. Sur ce, couronnons encore une fois nos coupes, ce sera toujours autant de pris. Vous êtes toujours les hommes de la décadence, mais je personnifie, à moi tout seul, la renaissance française. J'ai dit.....

Ne voilà-t-il pas un frondeur bien avisé ! que répondrait-il, si l'amphitryon lui disait : vous êtes un effronté vous-même, vous avez mangé mes soupers et dit du mal de ces dames parce que vous avez la digestion difficile et l'amour capricieux ; je ne vous reconnais nullement le droit de venir m'insulter chez moi ; vous vous prélassez longuement dans mes fauteuils, et vous dites après cela qu'ils ne sont pas moelleux ; vous me crevez mes chevaux, et proclamez ensuite que ce sont des rosses ; vous fumez mes cigares et buvez mon champagne, vous êtes un homme mal élevé d'abord, de plus un ingrat.

La conduite de ce critique ressemble beaucoup, proportion gardée, à celle de certains écrivains qui, après avoir été fêtés dans un pays, accueillis partout avec enthousiasme, lui payent le lendemain, dans un pamphlet menteur, la reconnaissance éternelle qu'ils eussent dû lui vouer.

L'Espagne a été souvent traitée d'une façon assez peu courtoise. Heureusement la plupart des livres où ces critiques ont épanché leur fiel sont des œuvres aujourd'hui rayées du nombre des œuvres vivantes.

J'ai soin de dire que ceci ne s'applique nullement à l'œuvre de M. Théophile Gauthier, parce que je sais que cet écrivain aime sincèrement l'Espagne et que je ne reconnais pas que son livre ait jamais popularisé chez nous une opinion contraire à la considération que chacun doit avoir pour la nation espagnole. Je ne saurais pardonner à un littérateur, quel qu'il soit, et si *amusant* que soit son livre, d'étaler devant nos yeux les plaies qui rongent un corps social, sans montrer que tel ou tel organe est sain et florissant. Il faut savoir que l'état des peuples est presque toujours un état fatal et qu'ils ne sont souvent pas plus les auteurs de leur prospérité que de leur décadence.

En un mot, si une individualité est respectable, et si nous avons établi que parler de telle ou telle personne dans des termes peu mesurés est une chose répréhensible, je ne vois pas pourquoi les nations ne seraient pas respectées comme les individus, et c'est faire trop bon marché des convenances, que de s'arroger le droit, après avoir traversé un pays en courant, de tailler ses plumes pour dénigrer toute une collection d'individus qui comptent souvent parmi eux les personnalités les plus brillantes et les capacités les plus élevées. Depuis quelques années, malheureusement, ce mode de payement est en faveur. Qu'il serait plus noble de dire : je me suis assis au foyer de tel peuple et j'ai remarqué tel ou tel vice dans son économie sociale, j'en ai cherché la cause, et je vous la donne ici ; j'ai cherché le remède, vous le trouverez énoncé plus bas, etc. Gardant enfin un ton respectueux envers des hommes respectables. Ce qu'il y a de pénible à avouer, c'est que ces relations souvent spirituelles et mordantes, trouvent beaucoup plus de faveur dans le public que les ouvrages où les peuples sont consciencieusement jugés. C'est donc à la dignité de l'écrivain qu'on doit faire appel et chacun doit déclarer qu'il est peu noble de spéculer sur cet amour du scandale et de la diffamation.

Si certains livres n'ont fait que servir des vues politiques, le procès est gagné; si c'est l'opinion d'un homme qui s'est reflétée dans son œuvre, on doit se prononcer ouvertement contre l'esprit qui a guidé l'écrivain. Qu'il compte un peu lui-même avec son amour-propre national, et avec quelle énergie il saisirait le fouet de la satire pour fustiger l'auteur qui aurait osé publier un tel livre sur le génie de sa patrie!

[illegible]

[illegible] [illegible] [illegible] [illegible] [illegible] dans
[illegible]
[illegible]
[illegible]
[illegible]
[illegible]

LA CRITIQUE FRANÇAISE

EN ESPAGNE.

LA CRITIQUE FRANÇAISE

EN ESPAGNE.

I

DE L'INDIFFÉRENCE DES NATIONS ENTRE ELLES. — CRITIQUES FRANÇAIS. — A. DE LATOUR.

Si vous demandiez à un habitant aisé de Moscou ou de Kiew quels sont les grands littérateurs contemporains de la France, il répondrait sans hésiter : Victor Hugo, Lamartine, de Vigny, Musset, Michelet, Dumas, Thiers, Guizot, Gauthier, Taine, etc., etc., et il est plus que probable qu'il vous conduirait même dans sa bibliothèque et vous montrerait leurs ouvrages qu'il possède à côté des chefs-d'œuvre de la littérature nationale. Si vous parliez à un docteur norwégien des célébrités médicales de notre pays, il vous ferait un exposé de la doctrine de Leroy d'Étiolles, il vous parlerait des découvertes de Chassagnac ou de Maisonneuve et des progrès que Dubois, Ricord, Nélaton, Jobert de Lamballe et autres ont faitfaire à la science.

Si vous pénétriez dans l'atelier d'un artiste allemand ou espagnol, il vous vanterait la puissante originalité de Decamps, la fougue et la magie du talent de Delacroix, la grandeur sereine de M. Ingres, la pudeur des marbres de Jouffroy, le monumental de David d'Angers et la grâce légère de Pradier.

Enfin, si vous causiez musique au foyer de Covent-Garden avec un Anglais bien élevé, il vous dirait tout l'esprit des compositions de M. Auber, il vanterait la facture et la science de M. Ambroise Thomas, la correction et la grandeur de certaines œuvres de M. Halévy, la fougueuse passion et la science profonde de M. Berlioz, et vous quitterait peut-être en fredonnant un air du Domino noir ou le scherzo de la fée Mab.

Cela est incontestable, et tout le monde me l'accordera facilement.

Par contre, demandez à un des *délicats* qui passent leur vie entre la Madeleine et le faubourg Montmartre, quel est le dernier ouvrage qui a passionné la foule en Russie et comment se nomme le grand poëte russe contemporain qui fut tué en duel, je garantis d'avance qu'il y a fort peu de personnes capables de répondre d'une manière satisfaisante.

Est-ce à dire pour cela qu'il n'y ait de mouvement artistique qu'en France? non. Il y est plus développé que nulle part à cette époque, je ne le nie pas, j'en suis fier, mais c'est par cela même que nous ne devons pas afficher à l'égard des pays étrangers une si profonde indifférence. L'homme qui traduira toutes les œuvres littéraires des nations voisines qui ne sont pas encore connues chez nous, fera une grande et digne chose.

Il faut toute la sublime profondeur de M. de Humboldt pour s'imposer au monde comme il l'a fait; il faut être arrivé au cosmopolitisme de l'auteur des *Tableaux de la nature* pour voir son nom franchir les limites des territoires sans tenir compte de ces points conventionnels que les hommes ont établis entre eux comme des frontières. Mais en dehors de ces splendides génies, l'éternel honneur du monde entier, il existe dans chaque nation un mouvement intellectuel plus ou moins sérieux, mouvement intéressant à observer et qui recèle en lui un enseignement profitable à tous les autres pays.

Je me suis souvent demandé si nous devions prendre pour excuse l'avidité avec laquelle les étrangers viennent étudier nos œuvres chez nous et le soin qu'ils prennent d'étudier notre langue.

Je crois que c'est une des raisons du fait que je signale, mais il ne s'ensuit pas de là que nous devions rester ignorants de la manière d'être de nos voisins et des œuvres des esprits éminents qui sont à la tête des lettres, des arts, des sciences, de la politique et de l'industrie. Nous sommes coupables de laisser passer, sans y faire attention, les révélations que nous font ceux qui sont allés comparer la nature d'une nation avec celle des peuples ses voisins, et je ne sais pourtant rien de plus attachant que les parallèles à établir entre deux races différentes, entre leurs instincts, la manifestation de leurs pensées et l'expression de leurs sentiments.

Il est convenu que je laisse de côté tous ceux qui ont parlé sur l'Espagne à un point de vue purement superficiel. Le livre de Paris à Cadix de M. Dumas devrait rentrer dans cette catégorie, mais les récriminations qu'il a soulevées me font une loi de m'étendre longuement à ce sujet. Les écrivains français les plus accrédités et qui se sont le plus longuement occupés de l'Espagne, sont : MM. de Cormenin, A. de Latour, de Mazade, de Puibusque et Gauthier.

L'œuvre de M. de Cormenin et celle de M. de Puibusque ont rencontré beaucoup de sympathies en Espagne, et personne n'a songé à les incriminer ; celles de M. de Latour et de M. de Mazade doivent être mises au même rang, seulement l'œuvre de M. de Latour est récente et la critique ne s'est pas encore attaquée à elle ; elle rentre donc dans le domaine des œuvres que je veux examiner très-rapidement, du reste. Celle de M. de Mazade, moins récente, parle plutôt des hommes que des choses; elle est moins complète quoique tout aussi sérieuse; c'est sur la première de ces deux œuvres que je veux appeler ici l'attention du lecteur.

M. de Latour, comme écrivain, rentre dans la catégorie de ces hommes pleins de dignité qui se souviennent de la noble mission que s'imposent tous ceux qui tiennent une plume; il sait autant que qui que ce soit le respect qu'on doit à une nation, et s'il rencontre des vices à signaler, ce sera toujours dans un langage modéré et convenable qu'il le fera. Critique doux et bienveillant, il sera heureux de pouvoir formuler un éloge, mais il a toutefois l'impartialité d'un bon juge et n'hésite pas à souligner une faute d'organisation sociale ou une tache dans l'œuvre. Il aime la paix et le calme et se gardera toujours d'une attaque virulente. Homme de bonne compagnie s'il en fut, je crois deviner son caractère à travers son œuvre; j'y trouve une placidité et un bon ton qui sont surtout l'apanage de ceux qui nous ont précédés dans la vie. Esprit éclectique, il fera volontiers l'école buissonnière à travers la littérăture et les arts de l'Espagne, et son livre, ou plutôt son œuvre, qui se compose d'une série de volumes, Tolède, les bords du Tage, Cadix, Séville, etc., serait peut-être autant une histoire littéraire du pays qu'une dissertation critique sur la nation. Ouvrez ces volumes, vous qui ne pouvez lire les maîtres espagnols dans le texte original, vous y trouverez traduits, dans un langage élégant, les principaux morceaux des grands littérateurs nationaux.

Son livre est, pour ainsi dire, un *selectæ* des auteurs de la Péninsule. Il s'attarde à chaque sonnet et consacre plusieurs chapitres à l'examen du génie d'un écrivain, et cela parce qu'il vient de visiter la maison où celui-ci est né, ou qu'il a accompli un pieux pèlerinage à sa tombe. S'il se promène sous les voûtes d'une cathédrale, il ne foulera les dalles du lieu saint qu'avec le plus grand respect; il craindrait de troubler le repos d'un de ces grands penseurs qui excitent son enthousiasme. Comme il sait tout ce qu'on doit au génie, il lui paye, partout où il le rencontre, un large tribut de reconnaissance.

Triste sans amertume, jeune sans légèreté, il règne sur toute son œuvre une douce mélancolie qui fait naître un sentiment aussi calme que la vue d'une rose qui vient d'éclore sur une tombe. Je ne crois pas me tromper en pressentant une grande douleur au fond de son cœur; il se plaît aux rêveries perdues, au retour de la pensée vers des jours heureux promptement envolés. Mais sa tristesse, non, sa mélancolie plutôt, n'a rien de lugubre; il est de l'avis de notre pauvre cher de Musset, il sait qu'une larme a son prix, *c'est la sœur d'un sourire.*

Il aime à se promener au milieu des ruines et à se retrouver seul avec lui-même; esprit contemplatif, il vit beaucoup dans le passé et se plaît au milieu des souvenirs. L'archéologie et l'art lui sont choses familières; vous pouvez lui demander l'âge des vieilles basiliques, il le sait, et il vous racontera tout au long l'intrigue de Florinde et de Rodrigue; il vous fera assister, à propos d'une visite à l'Alcazar de Séville, à ce drame terrible dont les acteurs s'appellent Marie Padilla et Pierre le Cruel.

Ce qui l'attire avant tout, c'est la légende

historique et la littérature; il ne craindra jamais de compulser des mémoires; il remuera volontiers les bouquins les plus poudreux pour éclaircir une vérité douteuse et déploiera une patience de bénédictin sans jamais pourtant faire de cette science inutile qui coûte si peu à ceux qui croient que le lecteur se laisse prendre à des compilations faciles.

Son amour du passé ne lui sert pas d'excuse pour méconnaître le présent, mais il ne se complaît pas à ébaucher de brillants tableaux comme M. Théophile Gauthier, ce magicien littéraire; il ne fait pas *grouiller* la foule couverte de brillants oripeaux et d'étoffes rutilantes; ce n'est pas un humoriste, il est trop savant pour cela, mais pourtant il n'est pas exclusif et signalera toujours le pittoresque quand il le rencontrera. Dégagé de cette préoccupation du *Moi* qui est le type de M. Alexandre Dumas, il ne vous racontera jamais ses aventures personnelles, il veut que le voyageur traverse les pays qu'il parcourt; dans aucun cas il ne se substituera à lui. Si nous avions sa science, nous verrions en Espagne ce qu'il y a vu lui-même, et nous lui

savons gré de nous décrire aussi consciencieusement tout ce qu'il a devant les yeux.

On pourrait peut-être lui demander d'*affir-
mer* davantage, mais je ne crois pas qu'il ait
cherché à écrire une œuvre critique; c'est un
touriste qui a du temps à lui et ne veut rien
laisser passer; il aime à se rendre compte des
choses et prend volontiers le chemin des éco-
liers. Il n'est pas coloriste à la façon du grand
écrivain que j'ai cité plus haut, mais il dessine
consciencieusement et il règne une telle lumière dans ses études, qu'il peut se passer de
peindre. Une chose me touche en lui, c'est sa
naïveté; elle le porte à respecter toujours et
partout la tradition; ce n'est pas un *démolisseur*
qui redresse les écarts de la légende, et ce n'est
certes pas lui qui serait venu nous dire comme
dans la préface de l'*Homère* de Dugas-Montbel,
que le grand barde grec n'a jamais existé; il
eût encore moins songé à détromper les Français sur l'existence de Jeanne d'Arc ou de toute
autre héroïne.

Respectueux, fervent, enthousiaste, son
œuvre est une de celles qui contribueront le

plus à faire connaître le passé de l'Espagne et le pays lui-même. L'homme n'y est qu'effleuré, il signale bien à l'occasion sa nonchalance et les maux qu'elle entraîne, mais je vous l'ai déjà dit, il regarde plutôt ce qui fut que ce qui est, et ne s'est nullement proposé pour but d'écrire une physiologie.

S'il reprend le bâton du touriste et qu'il visite les provinces qu'il n'a pas encore parcourues, il écrira pour le littoral et tout le pays basque une série de volumes aussi attrayants que ceux qu'il nous a donnés déjà et son œuvre sera complète. Ce sera le meilleur abrégé littéraire que l'on puisse faire de l'Espagne et la meilleure description historique et archéologique des monuments dont elle est peuplée depuis les Pyr   'es jusqu'aux plages de l'Andalousie.

II

L'ESPAGNE MODERNE. — CHARLES DE MAZADE.

L'indifférence des peuples pour le mouvement intellectuel de leurs voisins a dû nuire au livre de M. de Mazade qui n'est qu'une critique très-sérieusement faite des œuvres littéraires des écrivains de l'Espagne moderne et l'esquisse biographique de quelques-uns des hommes politiques qui ont eu une grande influence sur les événements de la Péninsule.

On comprendra de suite la nature et la portée de l'ouvrage, en disant que c'est la réunion d'études publiées à diverses époques dans *la Revue des Deux Mondes*. Il n'est plus besoin d'ajouter que c'est un travail consciencieux et *spécial*.

Que vous alliez au nord ou au midi, soyez

sûr que vous trouverez la revue sur les guéri--
dons de tous les salons où vous entrerez et dans
tous les cabinets d'étude. L'esprit cosmopolite
de la publication est un résultat plutôt qu'une
cause de ce succès. En France, généralement,
nous nous isolons trop dans notre manière de
voir, et jugeons trop aussi sous l'influence de
notre tempérament. Mais cette certitude de
l'écrivain que son œuvre sur l'Espagne sera lue
par des Espagnols, et que ses lettres sur la
Russie seront dans les mains de presque tous
les Russes, le force à devenir spécial et par
conséquent exact et sérieux.

A mesure donc que les événements se dé-
roulent, que tel ou tel homme illustre quitte la
terre, qu'une publication nouvelle, qu'une
pièce de théâtre sont consacrées par le succès,
la revue donne une étude sur l'homme qui a
disparu, en examinant ou les actes de sa vie ou
les œuvres qu'il a produites. La pièce nouvelle
et le livre sont examinés et commentés, et ceux
qui veulent, au milieu de l'indifférence générale, savoir le mouvement des idées et le caractère des hommes éminents qui influent sur les

destinées des peuples, n'ont qu'à suivre la Revue qui laisse rarement passer un événement littéraire ou politique sans le signaler.

Réunissez tout ce qui est spécial à l'Espagne pendant une période de quelques années, et vous aurez un livre qui, sans avoir la suite et le caractère complet d'une œuvre faite d'un seul jet, n'en a pas moins un grand intérêt, surtout pour ceux qui connaissent l'histoire contemporaine de l'Espagne et qui ont assisté de près ou de loin, comme spectateurs ou comme lecteurs seulement, à toute la série des événements qui se sont dénoués depuis 1834.

Vous rappelez-vous cette belle époque, ces vertes années de romantisme où la foule se passionnait aux drames de Hugo ou de Dumas, à la barque du Dante ou à l'Héliogabale? Agitation féconde qui créait chaque jour un poëte ou un artiste. Nous qui naissions alors et ne savons de ce temps que ce que les illustres ont bien voulu nous en raconter quand ils nous font l'aumône d'un souvenir ou d'un épanchement, nous ne pouvons y penser sans regret. Cela eût été vivre deux fois !

Cette renaissance française à laquelle il ne manqua qu'un roi artiste, eut son pendant en Espagne vers 1834, et ceux qui l'illustrèrent et dont les œuvres forment encore le bagage littéraire de l'Espagne moderne, sont l'objet du livre de M. de Mazade.

De sorte que le travail que M. de Latour a fait pour les ancêtres, M. de Mazade l'a fait pour les neveux, et il serait facile de renouer les anneaux de ces deux chaînes.

Sous le titre de *la Poésie nouvelle*, le duc de Rivas, Esproncéda, Breton de los Herreros, Ventura de la Véga, Rodriguez Rubi, Zorrilla, Larra, Mesonero Romanos, Sérafin Calderon et bien d'autres, sont examinés dans leurs œuvres par un homme versé dans la littérature nationale et qui a toute la compétence désirable.

Toujours et partout M. de Mazade considère plus l'esprit du poëte que son œuvre spéciale ; aucun côté ne lui échappe, puisqu'il signale toutes les qualités de chacun, seulement il a des sympathies, et on le verra passer rapidement sur les qualités natives pour s'étendre sur l'acquis, la science, la hauteur de vues et d'idées.

En réalité, je le crois encore plus penseur que critique ; un peu plus, il développerait ses doctrines pour combattre ou appuyer celles qu'il étudie. Il se plaît dans les dissertations élevées, et ce prêtre de génie, qui fit du journalisme un enseignement, Don Jaime Balmès, l'attire plus invinciblement que les littérateurs du mouvement et de la vie.

Les pages écrites sur cet esprit sagace qui prévit les révolutions et sut en reconnaître les symptômes comme un médecin habile pronostique une maladie, sont, à mon avis, la meilleure étude critique qui ait été faite sur Balmès.

Ses compatriotes ont porté le même jugement sur l'écrivain, sans analyser aussi profondément l'esprit de ce grand publiciste.

Le travail sur Balmès est substantiel, et je n'en veux qu'une preuve.

Si je retranche de l'ouvrage tout ce qui est propre aux hommes ou aux œuvres dont M. de Mazade fait la critique, il restera une suite de digressions sérieuses, d'aperçus élevés, et des idées qui lui appartiennent en propre.

Habitué de longue main à comparer les événements encore plus que les hommes, dominant du haut de cette tribune de la Revue des Deux Mondes, tout l'ensemble des faits qui se succèdent dans toute l'Europe. M. de Mazade ne veut qu'une base pour son expérience politique : les faits. De tel ou tel événement se reproduisant dans plusieurs pays et à des époques différentes, il conclut qu'au-dessus des instincts particuliers il y a des lois qui régissent le monde politique.

S'il se plaît à ces spéculations de l'esprit qu'on pourrait appeler l'*Esthétique du gouvernement*, et qui, réunies et coordonnées, pourraient former une théorie de l'art de gouverner les peuples, cela ne l'empêche pas de s'élever contre les utopies, et il se méfie de ce qu'il a ingénieusement appelé la *Doctrine de l'art pour l'art* en politique.

S'il examine une théorie qui ne trouve jamais son application, il la met cruellement à néant.

C'est plus que de la conscience qu'il apporte dans son étude sur Donoso Cortès, marquis de Valdegamas, c'est de la piété. Je ne m'en étonne plus, puisque j'apprends qu'il fut un des amis les plus dévoués de ce grand esprit intègre qui n'a jamais transigé avec sa doctrine tout absolue qu'elle nous semblait.

Le génie de Donoso Cortès étonne ; on ne conçoit pas comment un homme qui s'est vu mêlé à la politique active de son pays ait pu conserver encore à notre époque un fond de doctrine basé sur le catholicisme pur. Donoso Cortès fait de la foi un flambeau qu'il porte partout avec lui, afin de s'éclairer dans toutes ses recherches et dans tous ses travaux, à quelque branche qu'ils se rattachent.

Je crois qu'au contact de cet esprit élevé M. de Mazade a subi l'influence dont on ne pouvait se défendre, quand il appelait à son secours cette merveilleuse facilité de parole qui fit du marquis de Valdegamas un orateur brillant en même temps qu'un profond penseur.

Je crois m'apercevoir que le critique est souvent en communion d'idées avec celui dont il étudie les œuvres et dont l'esprit absolu faisait peut-être un homme qui venait rappeler, au milieu de notre époque, un caractère d'un autre âge, et protester constamment contre l'oubli de ce qui sert de base à son système de gouvernement, la foi religieuse.

Je ne puis suivre M. de Mazade dans toutes ces études; elles sortent de l'esprit général des pages que j'ai écrites. Il s'attache spécialement à un écrivain et le suit pas à pas, dans chacune de ses œuvres, avec une honnêteté et une conscience que je ne puis m'empêcher d'admirer en ces temps de légères chroniques. Ces analyses succinctes, si on les compare à l'importance des œuvres qu'elles signalent, sont pourtant assez développées pour donner une idée bien exacte de l'esprit et des tendances de l'écrivain; et puisqu'il n'est donné à personne de posséder tous les idiomes et de connaître toutes les littératures, on peut, en France, étudier ces personnalités à un point de vue sérieux dans l'analyse de M. de Mazade.

Ce que Donoso Cortès faisait pour Paris, pendant son exil, dans son volume appelé *Lettres de Paris*, le critique de *la Revue des Deux Mondes* l'a fait pour Madrid avec cette différence qu'il y a dans le publiciste espagnol une personnalité beaucoup plus accusée et une force de création plus puissante. Parmi les portraits politiques, il est tel ou tel personnage qui n'est qu'esquissé et qui se meut avec une puissance de relief qui est le cachet que le génie imprime à tout ce qu'il crée.

Dans l'étude sur Larra, il y a une définition de l'indéfinissable (je veux dire l'humoriste), qui est certainement une des meilleures pages du livre. J'ai vu se dresser l'ombre de Henri Heine à côté de celle du jeune Larra, en lisant ces lignes dont un peintre dirait qu'elles sont *très-fines de ton.*

Swift, Sterne, Quevedo, Gozzi sont là tout entiers, et dans cette étude sur le poëte qui devait mourir si jeune, victime d'un profond scepticisme, M. de Mazade étale une science rare non-seulement de l'œuvre de l'écrivain dont il s'occupe, mais du genre qu'il personnifie en Espagne, et des éléments qui doivent entrer dans cette nature *vagabonde, inquiète et vibrante à tous les souffles qu'on appelle un humoriste.*

Enfin, dans la politique et les mœurs, et dans le chapitre de la société espagnole, on trouve en germe toutes les observations des traits particuliers aux Espagnols ; je suis heureux de voir que la plupart de ceux que j'ai signalés, M. de Mazade les a signalés avant moi, et cela me donne un peu de foi en moi-même.

Lui aussi aime l'Espagne, et je sais pourquoi. Il y a vécu et s'est assis au foyer de l'Espagnol ; il est resté sous le charme de cette société charmante, unique, qui semble prendre à tâche de vous rendre ingrats à votre patrie et à ceux qui vous aiment.

J'eusse voulu voir un écrivain, aussi habitué à comparer et à juger, donner un ouvrage spécial sur l'Espagne et définir chacune des classes de la société ; nul doute qu'avec les fortes études dont il s'est nourri à l'école des grands publicistes dont il s'est fait l'historien, il n'eût puissamment dépeint ce singulier peuple, qui joint à des vices d'organisation et à l'absence de certains sens les qualités les plus hautes et les dons les plus rares.

III

ALEXANDRE DUMAS EN ESPAGNE.

Il est impossible de ne pas être frappé, après un voyage en Espagne, de l'impression que les Espagnols ont reçue de la publication, par deux de nos plus grands écrivains, de deux livres faisant une relation d'un voyage dans l'intérieur de la Péninsule.

M. Alexandre Dumas est celui qui a porté le plus grand coup (quoique son livre soit moins une œuvre que celle de M. Théophile Gauthier), mais le nom de Dumas est tellement populaire en Espagne, qu'il n'y a nullement lieu de s'étonner de l'attention que l'on a prêtée à ce voyage de Paris à Cadix.

La nature du voyage que je faisais moi-même me mettait forcément en relation avec les littérateurs et les journalistes de chaque ville où je passais, et la conversation la plus naturelle entre hommes spéciaux est de s'occuper de la marche de la littérature dans le pays où l'on est, de s'éclairer sur les hommes et les livres du pays voisin. J'eus donc, à Madrid, à subir une première fois les lamentations de bien des personnes sur la manière légère dont nos écrivains ont parlé de l'Espagne. Ce n'était pas nouveau pour moi, j'étais déjà habitué à ces récriminations, car j'avais déjà vécu hors d'Espagne avec des nationaux qui avaient conservé toute la rancune de leur pays. Une première fois j'essayai de présenter la défense de l'homme qui, après tout, est notre grand Dumas. On ne voulut pas m'entendre. Des bureaux de rédaction je passai au salon d'un des anciens ambassadeurs d'Espagne en France. Et ce soir-là, seul contre tous, il me fallut baisser la tête sans m'avouer vaincu. Presque sans transition, dans quelque salon que l'on me présentait, je voyais arriver l'épigramme que j'acceptais comme mienne avec un chauvinisme dont je me croyais incapable. De Madrid, j'entrepris un voyage à cheval dans le nord de l'Espagne. A l'Escurial, le fils de l'aveugle Cornelio (tu quoque) remuait le poignard dans la plaie tout en psalmodiant : « Ce tableau a été peint par Claude Coello ; il a cela de remarquable que toutes les têtes ont été peintes sur nature. Aux jours de grande cérémonie, il s'enlève et laisse voir, derrière, le maître autel. » Oui monsieur, ils ont dit que l'Escurial n'était même pas une œuvre d'art « des joyaux donnés par Philippe II et les souverains qui ont habité l'Escurial. » Gauthier dit que son seul mérite est d'avoir beaucoup de fenêtres.

A la Granja, les gardes du palais invectivaient Dumas seul ; à Ségovie, le gouverneur civil (bénie soit son hospitalité !) me disait que certainement je devais croire, avant d'avoir fait ce voyage, que toutes les femmes portaient des poignards à la jarretière, et fumaient des cigares très-forts. A Burgos c'était une allusion, et un sourire qui disait : je vous pardonne, vous n'êtes pas solidaire de leur faute, et vous avez déjà tellement écrit le contraire dans nos journaux, que nous ne saurions vous accuser.

A mesure que j'avançais vers le nord, je rencontrai plus d'indulgence pour les coupables. Mais redescendu à Madrid, je me rendis à Tolède, et un chanoine fleuri, bien portant, fin comme l'ambre, me demanda, en me montrant le tombeau d'Alvar de Luna, si je voulais voir la caverne des brigands qui avaient attaqué le célèbre A. Dumas. A Cordoue, dans un café, un étranger s'avança à la table où j'étais assis et vint me remercier de n'avoir pas fait comme mes compatriotes qui avaient faussé l'opinion de la France sur leur manière d'être. Vous savez ce que nous appelions une scie au bon temps de l'atelier. Prenez la plus terrible de toutes, la plus opiniâtre, celle du *soldat qui aimait les pauvres,* ou bien *nous allons naviguer sur le lac de Genève.* Ce sont des fleurs auprès des épines qui me piquaient, grâce aux livres de ces messieurs. Enfin, à Séville, à Cadix, à Malaga, jusqu'aux Caves de Jérez, j'entendais chanter l'agaçant refrain. A Barcelone, je reçus le dernier coup. C'était dans un dîner officiel ; un officier d'état-major me porta un toast, et à la cinquième parole j'entendis revenir le thème favori ; mon existence était empoisonnée ; j'essayai de répondre, je fus pâle et peu persuasif. Tout le monde devait dire : il avoue leurs fautes, c'est l'heure de l'expiation, ne l'accablons pas trop.

Je ne respirai qu'au sortir de table, sous les grands arbres de la Rambla. Il fallait achever la soirée, on me proposa de me présenter à un cercle qui voulait me donner le titre de membre honoraire. Je me laissai conduire, et la première personne que je rencontrai fut un homme courtois, distingué, et qui me parut tout d'abord habitué aux idées cosmopolites ; il parlait facilement le français, et me fit la galanterie de s'exprimer dans mon idiome. Il m'apprit qu'il était directeur d'un journal bien connu dans toute l'Espagne et qui est, dit-on, la meilleure affaire d'argent de la Péninsule. Nous nous installons, un groupe se forme, la conversation s'entame, et *pan* voilà Dumas sur le tapis ; et chose étrange et qui prouve bien toute l'injustice de ces accusations, la conversation à laquelle je mis fin en faisant des concessions se termina ainsi : *vous niez le fait, lisez ce que Gauthier a dit de Barcelone.* Or, non-seulement je l'ai lu, mais je le sais par cœur. Gauthier à Barcelone se sentait si près de France et du terme de son voyage, qu'il n'a fait que passer, courir à la cathédrale, à la promenade et repartir.

« L'aspect de Barcelone ressemble à Marseille, et le type espagnol n'y est presque plus sensible ; les édifices sont grands, réguliers, et sans les immenses pantalons de velours bleu et les grands bonnets rouges des Catalans, l'on pourrait se croire dans une ville de France.

« Malgré sa Rambla plantée d'arbres, ses belles rues alignées, Barcelone a un air un peu guindé et roide comme toutes les villes lacées trop dru dans un justaucorps de fortifications.

« La cathédrale est fort belle, surtout à l'intérieur qui est sombre, mystérieux, presque effrayant. Les orgues sont de facture gothique et se ferment avec de grands panneaux couverts de peinture ; une tête de Sarrasin grimace affreusement sous le pendentif qui les supporte. » Et dix lignes encore de description sans un seul mot à incriminer. Voilà donc le jugement porté sur Barcelone ; c'est un artiste, qui a trois heures à lui, qui en donne la plus grande partie à voir l'église, et à force de répéter que Dumas et Gauthier ont calomnié l'Espagne, des hommes sérieux, comme celui dont je parle ici, sans avoir lu le livre, l'incriminent par tradition et par ouï-dire.

Mais ce n'est pas de M. Théophile Gauthier qu'il s'agit ; je commencerai par faire une étude rapide du livre de M. Dumas, ou plutôt de l'esprit qui a dicté le livre. Je dois dire que c'est surtout lui qui a fait naître, en Espagne, cette source d'incriminations. Son nom, là-bas, est synonyme d'ingratitude, et malgré toute sa légèreté, malgré cet état de fièvre où toujours il se trouve et qui l'empêche de beaucoup se souvenir, je réponds qu'il garde au fond du cœur une profonde reconnaissance au peuple qui l'a accueilli avec effusion et à la reine qui, de son propre mouvement, lui donnait une haute marque de distinction, avant que son propre pays songeât à l'honorer.

IV

DE PARIS A CADIX.

Dans certaines querelles, il ne s'agit que de s'entendre et d'écouter avec sang-froid la défense de celui que l'on accuse. En Espagne, dans le public qui peut lire et bien comprendre ce feu d'artifice d'esprit qui s'appelle *De Paris à Cadix*, on a méconnu jusqu'à la nature du talent d'Alexandre Dumas ; jusqu'à son tempérament et son caractère.

On a cru que sa manière d'envisager les choses était spéciale à ce livre, et que, du jour où l'écrivain ne parlerait plus de l'Espagne, il laisserait de côté l'allure caustique qui règne dans cette relation de voyage.

13

Lisez *De Paris à Astrakan*, ou *Le Corricolo*, vous retrouverez le même homme et la même manière d'envisager les choses. On cherche une étude de mœurs là où il n'y a qu'une boutade, et le plus sérieux reproche traduit en langage vulgaire se résume à celui-ci : « Pourquoi Alexandre Dumas visitant l'Espagne est-il resté Dumas ? » En un mot on lui a fait un crime d'être lui-même, sans jamais comprendre ce besoin de l'auteur de se mettre en communication directe avec son public, de lui raconter avec toute sa verve tout ce qui lui est arrivé, à lui bien personnellement. Son *moi* auquel nous sommes si habitués, surtout depuis les causeries de son journal *Le Mousquetaire*, n'a pas trouvé grâce devant les yeux du lecteur espagnol, qui demandait à grands cris une vraie relation sur l'Espagne : relation telle, qu'elle fût l'opinion, non plus d'une personnalité un peu bizarre comme celle de Dumas, mais de toute une génération, concentrée en un seul homme, comme les sentiments exprimés par les personnages de Shakspeare sont ceux de l'humanité tout entière.

On s'est enfin beaucoup exagéré la portée du livre et l'on a trop présumé du résultat de l'immense popularité de celui que nous appelons en France *le plus fécond de nos romanciers*. M. Dumas est jugé, il s'est imposé avec toute la force d'un talent qui s'élève souvent jusqu'au génie à force de vie et de mouvement. C'est une grande figure littéraire, un portrait qui restera; le créateur d'un genre qui passera, je le crois, mais n'en laissera pas moins la statue de l'écrivain droite et entière sur son piédestal. Il n'y a donc nullement à revenir sur le crédit qu'obtiennent tous les livres qui sont dus à sa plume. Il écrira quatre feuilletons à la fois, fondera deux journaux, ira déjeuner avec Schamyl ou serrer la main de Garibaldi, il sera toujours sûr au retour de trouver son même public, palpitant dans l'attente du feuilleton de demain et du numéro de ce soir.

Cela est irréfutable et personne n'a songé à le contester : mais qu'il s'ensuive de là, qu'après la lecture du livre de Paris à Cadix, tout Français doive se créer une Espagne à l'image de celle qu'il nous a dépeinte; que nous soyons à ce point subjugués par l'homme, que nous acceptions de sa part des opinions toutes faites : là est l'erreur. Quand je voudrai chercher l'Espagne artistique, pittoresque, animée, colorée, quand je voudrai voir un groupe de muletiers assis à la porte d'une posada et des andalouses accortes, la rose à l'oreille : j'irai chez M. Théophile Gauthier qui est un grand peintre, ou chez M. Dumas qui est un sublime *raconteur.*

Mais si je veux chercher la renaissance espagnole, et le mouvement qui fait pressentir une nouvelle époque où les lettres, les sciences, les arts et l'industrie vont se réveiller, je m'adresse à M. Antoine de Latour, à M. de Cormenin, à M. de Puibusque ou à Charles de Mazade, qui eux, ne cherchent pas à dérober un rayon de soleil pour un tableau, mais étudient consciencieusement un scalpel à la main, le corps social, et savent dire: à tel tremblement je reconnais l'effervescence de tel organe qui veut se développer. L'art et la science sont deux choses qui s'allient souvent, mais qui souvent aussi sont très-distinctes.

Le livre incriminé est celui qui a procuré le plus de voyageurs à l'Espagne : chacun voyait après cette lecture une série de joyeuses excursions dans une terre pittoresque. Mais plus je vis avec les Espagnols, qui ont peu voyagé et peu vu, plus je crains qu'ils n'aient pas oublié l'invasion française. Elle nous a pourtant coûté assez cher pour qu'on nous la pardonne.

Dans un procès, puisque procès il y a, il faut chercher les circonstances atténuantes et se dépouiller de tout parti pris.

On a accusé Dumas d'avoir calomnié la société espagnole, mais il avoue naïvement qu'il ne l'a pas vue. A Madrid, il a déjeuné chez le duc d'Ossuna avec des toreros; à Cordoue, il a vécu à l'hôtel avec des hommes fort distingués, « je les ai tous revus, c'était presque des vieillards » mais ce n'était pas encore la société. Quant à celle de la maison de Sénèque, elle eût été détestable, qu'elle avait toutes ses raisons pour cela. A Séville, il n'a rêvé que boléros et a passé son temps à chercher des danses de caractère.

A Cadix, il note qu'il a rencontré chez le

consul de France, une dame espagnole qui donne un bal pour lui seul. C'est une de ses rares relations. Il n'a porté aucun jugement, il n'a exprimé aucune opinion sur la société, il n'y a dans tout son livre qu'une phrase très-favorable à ce qu'on nomme en Espagne *el trato*.

Cela n'empêche pas qu'il n'y ait pas un Espagnol qui ne roule de gros yeux en parlant du livre incriminé, et que des hommes, qui sont éminents à tous égards, ne parlent en termes très-durs des passages *De Paris à Cadix*, relatifs à la société espagnole.

Vous saurez tous, lecteurs arrivés jusqu'à ces dernières pages, que *cecy est un livre de bonne foy*. S'il y a quelque chose de faux dans mes appréciations, dites que j'ai mal vu, mais non pas que j'ai voulu mal voir. Or, au nom de cette bonne foi et de cette sincérité, je n'ai nullement ajouté ces paragraphes pour me faire le paladin de deux hommes qui n'ont que faire de ma plume inexpérimentée. Mais cette censure, l'auteur ne la mérite pas. Ces récriminations naissent d'une susceptibilité trop chatouilleuse ; et personne au monde ne doit être plus étonné que M. Dumas, d'avoir soulevé de tels orages en Espagne. Je crois sincèrement que lui-même juge son livre d'une manière si différente, que, le jour où il a écrit la dernière ligne de *Paris à Cadix*, il s'est frotté les mains en se disant qu'il venait de payer par de bonnes paroles, la noble hospitalité qu'on lui avait donnée dans la Péninsule.

J'ai beau dépouiller ma nationalité et essayer de me faire Espagnol pour épouser la même façon de voir, je ne puis y parvenir. Je ne trouve pas un seul grief sérieux et qui porte atteinte à la considération du peuple espagnol.

Si j'ai essayé de présenter la défense de l'écrivain français sans épuiser de beaucoup les arguments que j'ai en sa faveur, je dois avec la même impartialité dire les côtés qu'on a le droit d'incriminer. En principe, dans un livre de cette nature, livre rapide, humoristique et tout composé d'impressions passagères, M. Dumas n'aurait dû formuler aucune opinion ayant un caractère de *fait général*, parce qu'il lui est arrivé parfois de déduire la règle d'un exemple qui précisément se trouvait être l'exception.

Second point, tout grand artiste qu'il est, tout homme habitué à vivre un jour au nord, un jour au midi, l'auteur ne s'est pas assez *défrancisé* pour voir l'Espagne, et parfois il a jugé par comparaison ; ce qui est une grave erreur à laquelle il est fort difficile de ne pas se laisser aller.

M. de Humboldt, aux Cordillères, oubliait sa nationalité, comme Jacquemont au mont Himalaya, et M. de Lagrené s'est fait mandarin lettré pour nous raconter son ambassade en Chine.

Le livre a-t-il été écrit pour des Français ? Oui. Or la popularité qui s'attache au nom de M. A. Dumas, en Espagne, fait qu'il a été lu par tous les Espagnols qui entendent le français, parce que la plupart de ses romans traduits ont donné là-bas, comme ici, une soif violente de tout ce qui est signé Dumas.

Pour qui connaît un peu le caractère espagnol, il est facile de conclure qu'un livre favorable à l'Espagne, selon l'opinion de mes compatriotes, peut être trouvé très-contraire au pays par la susceptibilité castillane.

J'arrive à l'accusation sérieuse, peut-être la seule qu'on puisse porter contre le *Voyage de Paris à Cadix*.

L'auteur faisant bon marché de tout ici-bas, a un certain ton cavalier qui blesse profondément en Espagne. Tout l'ouvrage se ressent de ces airs de capitan, qui lui sont si naturels que nous, nous n'y prenons pas garde.

Ensuite, quand on a l'autorité de M. Alexandre Dumas, il faut bien se garder de parler ou d'écrire à la légère, parce qu'un jugement écrit sur le coin d'une table comme un article de journal, court grand risque d'être pris pour un arrêt de haute cour, et de s'en aller droit à la postérité, conformément à l'axiome : le pavillon couvre la marchandise.

Enfin, quand on traverse un pays en courant, il est difficile de le connaître assez pour faire autre chose qu'une relation humoristique, il faut s'asseoir au foyer de l'habitant, et assister à la vie intime du peuple pour avoir le droit de le juger, il faut vivre de la vie de chaque jour, dépouiller franchement sa nationalité, peser mûrement le côté des choses, ne pas demander des rues larges à une ville brûlée du soleil, du marbre aux terrains qui ne produisent que de la brique, et des eaux jaillissantes à une nature qui vomirait plutôt des volcans.

Il y a bien des gens qui ne vont chercher en Espagne que les mantilles, le Prado, le bruit du pandéro et des castagnettes, la bonne dague de Tolède, depuis longtemps au fourreau, et la navaja andalouse qui ne sert plus qu'à couper des cannes aux lauriers roses du Guadalquivir. Or, c'est pour assister à l'évolution pittoresque de tout ce dont je viens de parler que les ouvrages écrits sur l'Espagne ont été faits.

Voilà justement ce qu'il faut que le Français sache bien. Tout ce passé bariolé, toute cette couleur locale, tous ces éclats de rire, tous ces pompons, tous ces grelots, toutes ces fêtes, toutes ces danses, toutes ces chansons, toutes ces processions pittoresques, tous ces usages singuliers, toutes ces amoureuses plaintes et toutes ces sérénades : tout ce passé est mort. Il est né une nouvelle Espagne. Qu'elle soit la bienvenue ! Mais laissez-moi pleurer la morte.

Vous l'avez un peu laissée mourir si vous ne l'avez pas tuée vous-même.

Que voulez-vous, nous l'aimions en France, votre Andalousie joyeuse, où tout était amour et chanson ; nous aimions vos sierras, vos chemins difficiles, vos routes peu sûres et votre dignité nationale.

Il faut se conformer aux arrêts du sort, mais tous les poëtes pleureront. Et nous Français, nous pleurerons plus sincèrement que vous. Nous savons trop ce que coûte la grande civilisation, et combien de qualités natives, fraîches et vierges elle emporte avec elles.

Vous arriverez un jour à ce grand temple carré, où chacun peut s'enrichir sans travailler, et ce jour-là des hommes pâles et hâves qui vous avaient crus hier pauvres comme eux, diront : *« A quoi sert un travail honnête, mais lent qui ne saurait me conduire à la fortune ? »* et, ce jour-là, vous serez accablés de cette immense tristesse qui pèse au cœur des jeunes hommes d'aujourd'hui.

Vous deviendrez inconsolables sans avoir jamais connu les chagrins, et ceux qui ne croient aux blessures que lorsqu'ils voient du sang couler, vous accuseront de folie.

Ces livres ont été écrits trop tôt ou trop tard; trop tard s'ils ne voulaient peindre qu'un passé pittoresque qui était déjà presque disparu, trop tôt parce que l'état de choses à substituer à tout cela n'était pas encore assez bien constitué pour être dépeint d'une manière intéressante.

Le livre de M. Dumas a subi l'influence du nom dont il était signé. On lui a accordé, en Espagne, une importance que son auteur n'a jamais pensé à lui donner.

Je ne sais pas quelle est l'opinion de M. Dumas sur cette œuvre qu'il aura peut-être même oubliée au milieu des légendes qu'il évoque, des mémoires qu'il compulse, des bibliothèques qu'il remue ; mais je suis bien persuadé qu'il n'a jamais prétendu faire du livre cité un ouvrage sur l'Espagne.

Il écrivait à une dame française des lettres datées des villes où il se trouvait ; il lui parlait de ce qu'il voyait, de ce qu'il faisait surtout. Ses prétentions n'étaient pas plus hautes que cela. Il s'est trouvé qu'une esquisse signée d'un maître reçoit les honneurs d'un magnifique cadre et de la plus belle place au jour.

Cela est inévitable; qui sait si le maître lui-même n'aurait pas voulu retoucher l'étude ou la retirer de la galerie?

Quoi qu'il en soit, noblesse oblige, et cela apprendra à M. Dumas à garder ses ébauches et à ne pas les donner; une fois en circulation, un amateur intelligent les accroche au mur de son cabinet; tout le monde les voit, et il se rencontre un jour un homme peu habitué aux choses de l'art qui dit qu'il manque un doigt à la main gauche et que la tête du bonhomme n'est pas d'ensemble.

On a beau lui dire que ce n'est qu'une esquisse, il s'en va crier aux quatre points cardinaux qu'il connaît beaucoup l'original et que l'auteur a fait une caricature au lieu d'un portrait.

V

Je vais commencer par le manque le plus absolu de modestie en vous disant que je me crois plus apte que qui que ce soit à juger le livre de M. Théophile Gauthier sur l'Espagne.

J'ai fait le voyage qu'il décrit, avec son livre à la main. Je suis entré dans chaque village où il a passé, je me suis arrêté à chaque fonda où il s'est logé, j'ai vu les mêmes détails, les mêmes tableaux presque à la même place, à vingt ans de distance. Dans les mêmes villes je me suis enthousiasmé aux mêmes spectacles, j'ai baissé la tête au même autel, je me suis assis sur les mêmes ruines, et au lieu d'interroger mes pensées, je demandais aux siennes leur raison d'être et parlais le froid langage de la critique, là où le cœur seul aurait dû se faire entendre.

Artiste plastique s'il en est un, Gauthier se prend toujours au côté pittoresque des choses, il pardonne tout à la forme et lui passe tout, jusqu'au fond. Sa grande impression d'un jour sera la fleur de grenade qu'une Andalouse place derrière son oreille, ou le pli d'une capa fièrement drapée à l'épaule d'un arriero.

Aimant l'art jusqu'à la férocité, il ne vit que pour lui et laisse échapper des mots qui ne seront compris que de ceux qu'embrase le même amour.

Il eût préféré cent fois l'Espagne aux mains des Maures pour la voir couverte par eux d'Alhambras et d'Alcazars.

Il pleure l'ancienne Espagne, celle du bolero, des manolas et des toreros. Le peintre parle toujours en lui, et le coloriste se passionne à la vue des lauriers roses frais comme l'amour, éclatants comme la gloire, qui fleurissent dans le lit du Guadalquivir.

Il a tous les enthousiasmes et une haine profonde pour tout ce qui touche à ce côté civilisateur qui ne contribue pas au bonheur de l'homme et qui diminue toutes ses sensations.

S'il regarde un beau paysage et qu'un nuage passe sur ses traits, soyez sûr qu'il a aperçu làbas la cheminée d'une locomotive qui le replonge dans la prose et le réel.

Il préfère la polacre, la tartane ou le faluccio aux vapeurs des messageries impériales, parce que ces premiers bâtiments ont l'air de cygnes qui glissent sur les flots.

Il déteste la rue de Rivoli et le vêtement moderne, et passe tout aux artistes de la renaissance parce qu'ils étaient grands artistes. On lui a dit un jour que Benvenuto Cellini avait assassiné; il a répondu qu'il avait fait le Persée et la coupe.

Michel-Ange était un envieux, il a fait le Jugement dernier. Les Romains étaient débauchés jusqu'à l'inceste, mais ils se drapaient noblement, et tout, jusqu'à la prostitution, était poétique chez eux.

Par conséquent, une nature comme celle de cet écrivain-là doit, avant tout, demander au pays qu'il va visiter d'avoir du caractère. Si vous lui donnez à la place une mauvaise copie du sien, vous lui aurez enlevé une dernière illusion. Pour lui l'Espagne n'a qu'un mérite, c'est d'être peuplée d'Espagnols, et plus ils le seront, plus cela lui conviendra. Il ne causera jamais politique, il est poëte, que lui demandez-vous? de constater votre progrès, ce n'est nullement son affaire, il vient pour saluer le tombeau de Cervantes, pour rêver assis au milieu de la salle des Murillo, pour s'enthousiasmer aux exploits du Cid. Montrez-lui les bains de la Cava et la fenêtre d'où le roi Rodrigue surprit la belle Florinde mesurant son genou avec celui de ses compagnes, voilà ce qu'il demande, le voyageur.

Voulez-vous lui donner une fête qu'il n'oubliera jamais? Allez lui chercher les gitanos les plus bronzés, les gitanas les plus déguenillées, les plus sauvages et les plus pittoresques, que le pandero aux rondelles de cuivre se fasse entendre, que la guitare monotone se mêle aux cris enroués de toute cette canaille, que les coplas soient épicées et les danses lascives, que les fleurs s'effeuillent et que les danseuses haletantes s'arrêtent brisées de fatigue, le poëte sera content, et vous l'aurez convié à ce qu'il cherchait. Nous sommes loin de nous entendre, car vous Espagnol voilà justement ce que vous auriez voulu lui cacher. Les dames ne cèdent qu'à des prières instantes, pour se laisser aller à avouer qu'elles savent jouer des *jotas* au piano et même danser le boléro. Il faut fermer la fenêtre pour que le passant n'entende pas ces airs devenus communs, et ces refrains populaires que réprime le bon goût.

Le génie de Gauthier est avant tout le génie d'un peintre ; un jour qu'il voyait dans la nature un ton qu'il ne trouvait pas sur sa palette, il a inventé des couleurs. Et ceci n'est pas une métaphore, il peint avec des paroles, et il a inventé toute une série de mots qu'il a gardés pour son propre usage, mots qui sont adoptés, qui rendent bien ce qu'il veut nous dire, et peignent bien ce qu'il veut nous peindre. Il y a un livre de lui sur Constantinople où il s'est élevé à une grande hauteur ; certaines descriptions qu'il nous a faites du Bosphore, rappellent les reflets et les paillettes que les Canaletti font briller dans les eaux des canaux de Venise. S'il s'arrête dans une rue ou dans un marché, il anime tout un monde d'esclaves noirs vêtus de blanc, de conducteurs de chameaux, de gros turcs graves et dignes, de juifs caducs et de juives aux yeux rêveurs; les étoffes miroitent, le ciel est d'un bleu implacable, dans le fond les mosquées portent aux nues leurs silhouettes élégantes. Un grand rayon de puissant soleil passe sur tout cela et les ombres donnent de la force aux lumières, c'est un tableau signé Flandin, Pasini, Fromentin, Decamps, Joyant. Mieux que tout cela encore, cela vit, cela se meut, crie et se dispute.

Que vouliez-vous qu'un tel homme fît de l'Espagne dans un voyage qu'il accomplissait il y a juste aujourd'hui vingt ans? Des tableaux, toujours des tableaux, et quoi qu'on en dise, tableaux vrais, lumineux et qui ont un peu plus que les choses faites sur nature : une grande poésie qui nous a tous fait désirer de voir l'Espagne. Combien de nous, après avoir lu ce voyage, ont fermé le livre en disant comme moi :

« Oh pays des fées, pays des basquines et
« éventails, terre des orangers et des citronniers
« en fleurs, terre des grands yeux et des grands
« noms, pays où vit tout un monde de grands
« souvenirs, où toute une légion de chevaliers
« dort à l'ombre des pieuses cathédrales !
« Espagne chrétienne qui as bâti de si beaux
« autels à ton Dieu, qui as peint et sculpté de si
« belles madones, et leur as jeté au cou des
« diamants pour la rançon de dix rois ! Un jour
« viendra où nous irons nous asseoir à l'ombre
« des lauriers roses, et demander leur secret
« à tes ruines. »

Et nous y sommes venus sur la foi des poëtes
qui nous avaient dit d'y aller, et quand nous ren-
dions grâce tout haut à ceux qui nous y avaient
conduit, nous avons entendu des hommes offen-
sés qui nous disaient : « Mais non, Dieu merci ;
« la poésie est bien morte chez nous, nous avons
« réformé tout cela, regardez le joli chemin que
« nous avons fait de l'Alcazar de San Juan à Cor-
« dova ; vous voyez, il s'appuie au flanc d'une
« montagne. Nous avons aussi le chemin de fer,
« et nous dansons très-bien le quadrille ; nous

« avons encore des agents de change et des télé-
« graphes électriques. Si vous allez à Madrid, à
« la Puerta del Sol, en face le ministère de
« l'intérieur, vous rencontrerez des messieurs
« vêtus de noir, qui causent petites voitures et
« Graissessac à Béziers, chemin de Saragosse et
« chemins portugais. Nous nous rangeons tout
« à fait, et je vous avouerai même entre nous
« que d'ici à quelque temps le Bon Dieu ira à
« pied chez nous : il y va bien en France et per-
« sonne n'y trouve à redire. Nous n'aurons
« peut-être plus un autre Alonzo Cano, ni un
« autre Murillo, mais qui sait, si d'ici à quelque
« temps nous n'inventerons pas, nous aussi, un
« canon avec un nom très-difficile et qui tuera
« un régiment d'un seul coup. » Je confesse
que tout cela constitue de grands avantages, il
me paraît même assez difficile de s'en passer
au point où nous sommes arrivés, mais je ne
vois pas en quoi tout ce monde charmant qui
montrait ses dents de perles en entr'ouvrant ses
lèvres en fleurs, gênait la marche de la civilisation : on peut danser le soir dans les huertas
et être un grand peuple ; on peut avoir des

poëtes comme Herrera et Fray Luis de Léon et suivre la marche ascendante des nations voisines. Les problèmes résolus de la civilisation n'impliquent pas fatalement la mort des usages et des coutumes poétiques et pittoresques, et notre Théo..... a cent fois raison de se passionner pour tout ce qui lui montre encore l'Espagne sous son jour le plus gracieux.

Venir nous dire que l'écrivain n'a pas pris la nation assez au sérieux, est un reproche que j'ai accepté pour A. Dumas et que je ne saurais jamais accepter pour lui. Il rend à chaque instant une justice éclatante aux bonnes qualités qu'il rencontre chez l'Espagnol. A l'époque où il faisait son voyage, il n'était pas encore l'homme posé d'aujourd'hui, il n'avait pas écrit les livres qui ont étendu son nom par delà les frontières, et il confesse toutefois que partout on a été bienveillant pour lui. Demandez-lui pourquoi il est triste, c'est lui qui nous l'a dit, il vous répondra comme le Maure : *Je pense à Grenade;* il a peine à quitter tout ce qu'il voit à chaque pas, cette société grenadine l'enchante, il veut voir le monde, tous les jours, tous les soirs, et jamais il n'a une phrase malveillante pour un fait, pour une chose ou pour une personne. Il aime sincèrement l'Espagne et ne trouve à lui reprocher que ses prétentions au niveau égalitaire, ses tendances à bannir tout ce qui était elle, et à puiser chez les étrangers un nouveau mode de vivre et de penser, qui fait que l'Espagne n'existera même plus dans les souvenirs.

Un jour, dans une boutade, il a eu un mot contre la constitution, et son esprit, porté au paradoxe, en a formulé un, un peu violent, contre l'établissement du nouvel ordre de choses. Mais considérons que le voyage se passait en 1840, c'est-à-dire en pleine guerre civile, au moment où il paraissait absolument impossible que l'on s'entendît ; il y avait de quoi tromper un homme politique, à plus forte raison un poëte.

Ce dont j'ai si longuement parlé dans ce livre, *el trato*, c'est-à-dire la manière dont l'étranger est reçu, l'enchante, et il y revient à chaque instant. Il faut peu de chose pour le ravir, car, passant de cette bonne réception à un autre ordre d'idées, une tonnelle ombragée de jasmins d'Espagne est pour lui le prétexte d'une charmante étude peinte, toujours: la pointe de carmin indispensable n'y manque pas. Il a dans son livre une description d'une course de taureaux qui guérira pour longtemps qui que ce soit de l'envie d'en écrire une autre.

Le mouvement, le caractère, la couleur, tout y est vivant et grouillant. Il y a vingt choses comme cela dans ce livre ; sa visite à Tolède est celle d'un grand artiste qui s'obstine toujours à s'enfoncer le plus avant qu'il peut dans les souvenirs que fait naître la vue des ruines ou des monuments. Partout il évoque un portrait historique ou une gracieuse figure de légende. Ici c'est Charles-Quint, Cisneros, Rodrigue ou la belle Florinde. A Séville, ce sera Pierre le Cruel ou Maria Padilla. Et comme il s'emporte de bonne foi contre le grand Charles-Quint, qui, vivant à une époque de renaissance, porta souvent une main sacrilége sur des monuments qu'il a souillés pour toujours;

J'ai dit qu'il était artiste jusqu'à la férocité ; ici il va être artiste jusqu'à l'impiété.

L'islamisme a élevé à Cordoue une prodigieuse mosquée qui était destinée à devenir La Mecque de l'Occident, monument immense, vertigineux, qui n'a certes pas son pendant même dans Sainte-Sophie. Après la rentrée des Espagnols à Cordoue, on convertit une partie de la mosquée en cathédrale et l'on vient couper par des lignes chrétiennes la perspective sans fin des arcs musulmans. Le son de l'orgue se fait entendre là où ne résonnait que la voix du Muezzin.

Gauthier maudit Charles-Quint, les moines ; peu s'en faut que le grand artiste qui a ciselé la cathédrale, Pedro Coméjo, ne tombe aussi sous ses malédictions. Est-ce que nous irons, nous artistes, le blâmer d'avoir au cœur cette flamme sainte ?

Le livre de Théophile Gauthier est donc un livre favorable à l'Espagne. Il ne faut pas songer à reprocher à un écrivain humoristique de divertir son lecteur, quand il en trouve l'occasion ; l'Espagnol aime assez à prendre le côté satirique et plaisant des choses, et quand Gauthier, assistant à des danses nationales, fait la description de ces deux cadavres qui se trémoussent tristement sur les planches de la scène, c'est un fait tout isolé qui n'attaque en rien le pays. Voilà toujours l'erreur ; on croit à des personnalités, et comme il se trouve que les hommes qui ont écrit sur l'Espagne sont des écrivains originaux, on court fort risque de trouver des impressions personnelles plutôt que des jugements qui peuvent s'adresser à la nation en général. Je trouve dans tout le *Voyage en Espagne* un parti pris de bonté bien mérité du reste, qui ne justifie pas la mauvaise place que chacun fait à Gauthier en Espagne. Tout est du domaine de la critique, à la condition que celui qui l'a faite, soit juste, honnête, impartial et n'ignore aucun des côtés sur lesquels il portera un jugement. Or Théophile Gauthier est compétent, et a toutes les qualités requises pour arriver à un jugement sain. — Seulement il fait un *livre* brun et on lui demande pourquoi il ne l'a pas fait *blond*. Ceci est une tout autre chose ; on écrit avec son tempérament ; les uns cherchent l'économie d'un peuple et les tendances d'une nation,

d'autres ses usages, ses coutumes, son génie
ses ressources.

Un autre enfin, peintre habile, coloriste délicat, fait une série de tableaux qu'il anime du
génie qui lui est propre, alors même qu'il voit
la nature un peu autre qu'il voudrait la trouver,
il mêle à la réalité la poésie qu'il a dans le
cœur, et qu'il voudrait qu'elle eût elle-même.
Il décrit sans arrière-pensée, riant ici à gorge
déployée, là sanglottant avec amertume; il est
philosophe, railleur, ou enthousiaste fervent,
sceptique et croyant tour à tour, affable à tous,
il n'écrit pas avec l'idée fixe que ceux qu'il a
voulu peindre liront avidement son livre et
l'attendront un jour au coin de leurs journaux pour le cribler d'épigrammes. En un mot,
il est de bonne foi, vertu grande s'il en fut. Il
termine ainsi son livre : « Le lendemain, à dix
heures du matin, nous entrions dans la petite
ansé au fond de laquelle s'épanouit Port-Ven-
dres. Nous étions en France. Vous le dirai-je ?
En mettant le pied sur le sol de la patrie, je me
sentis des larmes aux yeux, non de joie, mais
de regret. Les Tours-Vermeilles, les sommets

d'argent de la Sierra Nevada, les lauriers-roses du Généralife, les longs regards de velours humide, les lèvres d'œillets en pleurs, les petits pieds et les petites mains, tout cela me revint si vivement à l'esprit qu'il me sembla que cette France où pourtant j'allais retrouver ma mère, était pour moi une terre d'exil, le rêve était fini.»

Quel adieu touchant, comme il est éloquent ! J'y vois tout ce que je regrette, et je ne dis pas non plus toutes les fois que j'ai pleuré tout bas depuis que j'ai perdu de vue la Giralda.

Je sens que Gauthier est sincère, parce que j'ai éprouvé tout cela, et je dis que l'homme qui se sépare ainsi de l'Espagne ne pouvait que l'aimer d'un grand amour ; mais l'amour-propre national défigure tout, et les habitants de Barcelone ne sauraient pardonner à l'écrivain de n'être resté que quatre heures à voir leur ville.

Il a écrit trente lignes qui la peignent pourtant tout aussi bien que d'autres ne l'eussent fait avec cent pages.

CONCLUSION.

CONCLUSION

Je me suis arrêté complaisamment sur tout ce que j'ai trouvé de beau et de grand dans la société espagnole. J'ai exalté l'affabilité avec laquelle on y reçoit les étrangers. J'ai dit les qualités du soldat, son esprit de discipline et son courage, son abnégation et son grand cœur. J'ai rendu justice au désintéressement de l'homme du peuple, et je me suis étendu sur sa renonciation aux appétits brutaux et aux jouissances basses. Mais un salon agréable ne constitue pas une société bien organisée; c'est seulement une des choses qui concourent au bonheur et à l'agrément de la vie.

Un bon soldat ne peut jouer d'autre rôle dans la société que de former une bonne armée qui, un jour ou l'autre, pourrait être au service d'une mauvaise idée.

Enfin, si l'homme du peuple est désintéressé, il a moins de mérite à l'être, ayant moins de besoins, et je ne puis finir ces pages sans dire ma pensée franchement et loyalement. Je n'ai nul besoin de précautions oratoires, et comme je ne me cache pas d'avoir au cœur la sympathie la plus ardente pour l'Espagne, il me semble qu'il n'y a d'autre moyen d'en montrer mieux la sincérité, que de dire énergiquement ce qui me choque chez l'Espagnol.

Ce ne sont pas des défauts, ce sont des *vices*, et de ceux qui dévorent.

Je compte parmi ceux qui s'opposent le plus aux progrès de la nation, l'immense insouciance particulière à la race. Insouciance foncière qui s'applique à tout et qui réagit sur tout. Sans nulle démonstration, chacun peut prévoir quels désastreux résultats entraîne avec elle cette mollesse.

Comment lutter contre la force d'inertie que

la race oppose aux efforts de ceux qui ont dompté leur nature et se sont adonnés aux entreprises qui demandent de l'énergie?

En industrie, par exemple, on regarde parfois comme une pure spéculation de l'esprit et comme donnant des résultats hypothétiques, des systèmes qui fonctionnent depuis longtemps en Europe et dont la supériorité n'est plus discutable. On ne comprend pas bien pourquoi il est nécessaire de réduire la fabrication et le mode de production à leurs plus simples expressions.

Le grand axiome si exagéré aux États-Unis, *le temps est un capital*, n'a pas acquis en Espagne toute l'incontestabilité qu'on lui prête même dans les pays où on n'en subit pas les conséquences.

Enfin, au fond de cette nature qui tenait, il y a trente ans encore, le milieu entre la nature française et la nature mahométane, je trouve un peu de cet esprit réfractaire au progrès qui fit répondre par un chef algérien à un de nos généraux qui lui expliquait les avantages de l'appareil Morse dans la télégraphie :

« Le temps n'est rien pour moi; j'ai dans la cour de mon palais trois cents hommes à cheval qui traversent le désert quand je fais un signe. »

Où chercher la cause de ce mal? N'y a-t-il pas au fond de tout cela des influences lointaines, presque imperceptibles de la domination des Maures?

Le climat, la température du pays, l'abondance et la fertilité propres au sol n'y sont-ils pas pour quelque chose? Enfin, la raison ne se trouverait-elle pas aussi dans la modestie du goût des Espagnols qui ne ressentent aucun de ces besoins qui font que le plus riche ouvrier parisien, celui qui trouve le mieux le débouché de son travail, est très-pauvre à côté du journalier espagnol?

Le remède ne peut venir que de très-haut. En effet, si le gouvernement espagnol, convaincu que la richesse naît des relations et que le bien-être de chacun résulte de la prospérité générale, veut continuer l'œuvre qu'il a commencée, ouvrir des routes, des canaux, des chemins, des voies ferrées, les habitants d'une province ne seront plus des étrangers pour leurs voisins.

L'arriero qui met quatre pénibles journées à traverser un pays pour aller vendre ses produits finira par s'apercevoir que le chemin de fer a bien son avantage, et qu'au lieu de ne vendre qu'une fois la semaine il pourra facilement faire trois voyages et gagner trois fois plus.

Les caractères eux-mêmes s'en ressentiront ; du choc qui se fera les premiers jours entre les natures différentes, il s'ensuivra plus tard un esprit de concession qui arrivera à modifier entièrement la race. Le progrès réalisé chez l'un se réalisera promptement chez l'autre, en vertu de cette émulation et de cet amour-propre qui amènent toujours de bons résultats.

Les avantages à retirer de la protection accordée aux compagnies de chemins de fer, aux industriels, aux banquiers, aux capitalistes, aux sociétés de crédit, sont immenses. C'est de là que découle la richesse d'un pays, et c'est encore là que sera la prospérité de l'Espagne.

Après cette insouciance je trouve des aspirations pernicieuses et certains goûts terribles qu'on pourrait prendre pour le résultat d'instincts purement matériels, si parfois aussi le peuple n'y goûtait un plaisir de l'imagination.

Ce goût des fêtes et des divertissements est si répandu en Espagne, que les plus petites villes ont d'élégants théâtres et de belles places de taureaux. Si je ne voyais là-dedans qu'un délassement ou la satisfaction de certains instincts artistiques, certes je ne songerais nullement à m'élever contre ces tendances; mais j'ai malheureusement vu qu'à mesure qu'on s'éloigne des grandes villes ce goût se développe, et les compensations de toute sorte que l'esprit peut trouver au sein des villes pour balancer cette lente démoralisation du plaisir, s'effacent entièrement dans les villages où le cirque n'a plus son correctif dans l'école publique.

L'esprit de passion est développé en Espagne à un point tel que chacun devient aveugle et ne peut plus discerner les intentions sous les faits. Dans la vie politique, ils s'égarent au point de perdre de vue le grand but qu'on doit toujours s'y proposer, la félicité du pays. Cette passion est tellement inhérente au tempérament même, que je n'y verrais de remède que dans la propagation très-générale d'une instruction bien dirigée. Sans tuer l'imagination naturelle à tout Espagnol, elle lui donnerait au contraire un côté réel qui lui permettrait de ne plus considérer les choses seulement au point de vue de cette passion et de ses instincts, mais au point de vue plus général et plus pratique des aspirations des masses.

Cet oubli constant du côté applicable et pratique est certainement une des sources les plus fatales de dissensions et de malheurs.

Le Bon Sens. C'est là la grande qualité des sociétés qui se trouvent sans cesse aux prises avec ce qui est et non pas avec ce qui semble être.

L'Espagne est lente à subir les influences.

C'est encore sur la propension à l'oisiveté, et peut être aussi sur l'orgueil propre à la race qu'il faut rejeter cette disposition qui entraîne avec elle le fait suivant.

Dans l'ordre politique, moral ou industriel

le progrès le plus facile à réaliser, le moins coûteux, celui qui demande les ressources les plus bornées, ne se vulgarise dans la Péninsule que longtemps après que les autres grandes nations de l'Europe l'ont longuement expérimenté et qu'il est tombé dans le domaine public.

Comment ne pas chercher la cause du peu de développement de toutes choses en Espagne, dans les crises politiques auxquelles elle a été successivement en proie. L'agitation, quel que soit son but et quelque espoir que chacun aie qu'elle amènera un état plus prospère et plus durable, entraîne avec soi la stagnation de choses.

Mais il y a eu dans l'histoire de l'Espagne, telle ou telle crise politique, telle ou telle émeute qui n'a pas amené d'amélioration dans la constitution de sa société. Et, bien des siècles après, dans ces vingt dernières années, il me semble qu'on a plus combattu d'abord pour des hommes que pour des idées.

La Révolution, en la prenant dans son acception générale, ne prononce jamais clairement sa formule, et elle aurait, moins que partout ailleurs, sa raison d'être dans la Péninsule, puisqu'elle ne cherche jamais à déraciner les deux traditions qui sont le plus respectées en Espagne : l'esprit religieux et l'esprit monarchique.

Il est une chose qui frappe dans les assemblées politiques du pays. Tous ces législateurs paraissent très-près de s'entendre, puisqu'ils ne sont pas divisés comme dans les chambres des autres pays en partis nombreux et aussi différents dans leurs buts que dans leurs moyens.

Néanmoins, le calme et la bonne harmonie ne résultent nullement de cet état de choses. Il m'a semblé parfois que le but d'une interpellation violente était l'effet que devait produire l'orateur, et non une satisfaction donnée au peuple.

C'est, de toute l'Europe, le pays où l'on entend invoquer le plus souvent les grands mots d'honneur et patrie, dignité nationale et conscience publique. Il ne s'ensuit pas de là que les mesures conformes à ces sentiments soient toutes adoptées.

Cette modestie (indispensable pour constituer un grand pays), qui porte un citoyen à se contenter de jouer un rôle subalterne, quand ses facultés lui interdisent d'aspirer plus haut, est très-rare chez nos voisins, et tel se croit déclassé qui devrait bénir le sort d'occuper le poste auquel il est appelé.

Les prétendants, qui ont été nombreux en Espagne, n'ont jamais assez aimé leur pays pour le voir, de gaieté de cœur, heureux aux mains d'un autre qu'eux-mêmes et, je ne serais pas étonné qu'on pût rattacher leur persistance à l'idée exagérée que chacun d'eux se fait de lui-même.

Enfin, voyez quelle quantité d'hommes d'action aux jours de trouble : chacun apporte sa solution, chacun a trouvé le moyen de faire marcher la machine gouvernementale. J'admire la force du principe monarchique qui peut rester plus solide que partout en Europe, avec cette propension des individus à s'élever aux plus hautes places.

Il est un mal profond auquel nul ne peut remédier personnellement, mais qui disparaîtra peu à peu le jour où on verra les voies ferrées sillonner l'Espagne des Pyrénées au golfe de Gibraltar.

Ce sont les aptitudes trop tranchées et les caractères trop différents de chacune des provinces qui composent ce pays.

La centralisation du pouvoir est admise et reconnue sans conteste, par une raison toute simple, cela ressort du respect que la nation a pour le représentant du principe monarchique. Mais cela n'empêche pas chaque province de se considérer beaucoup trop comme indépendante de sa voisine. Cette devise de *l'Union fait la force*, n'est pas assez mise en pratique. Les raisons qui s'y opposent tiennent à la nature et au tempérament distinct de chaque province, et vous ne définirez jamais l'Espagnol d'une façon générale, car, si vous trouvez quelques traits applicables à tous, il vous faudra faire une étude spéciale pour l'habitant du midi et pour celui du nord, et ces deux définitions ne serviront nullement aux habitants de l'est et de l'ouest.

L'Andaloux est vif, emporté, plein d'imagination. Le Galicien et l'Asturien sont concentrés et lourds. Le Navarrais n'écoute que ses penchants, ses instincts sont fiers, irascibles. Le Catalan est remuant et difficile à guider.

Enfin, si vous prenez l'habitant de Madrid et si vous remontez vers le nord, vous trouvez un peuple peu défini, également accessible à toutes les idées, malléable et sans passions violentes.

Avouons qu'il est difficile d'arriver à une grande unité de vues avec des caractères aussi fortement accusés que ceux de ces différents peuples.

Je crois cette réflexion vraie, et peut-être pourrait-on attribuer à ces divergences de tempérament, l'éloignement de nos voisins pour la nation qui se confond presque avec elle, géographiquement.

Lisbonne est moins loin de Madrid que Vienne ou Saint-Pétersbourg ; mais le Portugais est aussi différent de l'Espagnol, que le Russe ou l'Allemand.

Le désir de la propriété pourrait être considéré comme le mobile le plus violent de ceux qui se livrent à un travail incessant. Il en est de plus nobles, j'en conviens, et l'homme qui ne serait porté à labourer la terre, à échanger, à fabriquer, à inventer, à produire sous quelle que forme que ce soit, mû par cette seule idée que les capitaux qu'il en retirera lui assureront un jour le repos, ne me paraîtrait pas le plus intéressant parmi tous ceux qui composent la classe des travailleurs.

Au-dessus de tout cela, il y a la satisfaction du devoir rempli, les lois divines qui sont plus élevées que celles que se dictent les appétits des hommes; il y a enfin le désir de la considération publique et cette gaieté du cœur qui fait trouver doux un instant de repos au milieu de la famille, après une journée passée dans l'accomplissement d'une lourde tâche.

Or, je ne trouve développés dans les classes ouvrière et industrielle de l'Espagne, ni le désir de la propriété, ni la satisfaction du devoir accompli, ni l'aspiration vers un bien-être plus grand pour ceux qui partagent leur peine.

Tel est à peu près le résumé des vices d'organisation de l'Espagnol. Ce sont pour la plupart des résultats du tempérament et des influences qui se font sentir bien longtemps encore après que les causes ont cessé d'être. Je ne pense pas avoir tout dit et c'est ici que je m'aperçois qu'il y aurait peut-être un livre fort intéressant à écrire en développant seulement le chapitre en tête duquel j'ai écrit *conclusion*.

Il est toutefois une dernière propension, qui n'est pas clairement définie pour moi, à laquelle je n'assignerai pas une cause certaine, et que je ne qualifierai pas d'une manière dé-terminée, mais qui n'en est pas moins réelle et effective, et dans sa manifestation et surtout dans ses effets.

Il me paraît que le peuple espagnol se lasse très-vite d'entendre appeler *Aristide* le Juste.

Comme à tous les peuples passionnés, il lui faut des idoles à adorer, et souvent aussi des statues à briser.

C'est là surtout que la roche Tarpéienne est près du Capitole, et pour beaucoup d'hommes politiques, ce lieu fut un monument d'insigne honneur et de profonde ignominie.

Il n'est pas nécessaire qu'un homme soit un

Manlius, pour que cette parole de Tacite puisse lui être appliquée.

Regardez autour de vous, en France, en Angleterre, en Italie : combien d'exilés, combien de noms autrefois entourés de cette auréole que donne le pouvoir, aujourd'hui ensevelis dans l'oubli !

Si je cherche bien les causes de toute cette agitation, de tout ce mouvement, de ce besoin d'hommes nouveaux, j'avoue que je ne les trouve pas seulement dans les tâtonnements indispensables à ceux qui cherchent leur voie : mais bien plutôt dans une inquiétude inhérente au tempérament, et dans un état fiévreux, fatal, j'en conviens, et contre lequel il est difficile de lutter ; mais qui peut cesser pourtant avec une tension énergique des facultés de la raison et de la volonté.

Il suffit parfois qu'on soit élevé au-dessus de ses contemporains soit par son génie, soit par les événements, soit par ce concours de circonstances qui vous jettent dans un courant, pour qu'immédiatement la haine s'attaque à votre personnalité. Et l'Espagne est le pays où l'homme s'isole le plus dans ses convictions, pour juger les autres ; cette abstraction naturelle des sentiments politiques, religieux, scientifiques ou artistiques, dans la question de jugement, y est presque inconnue.

L'esprit de concession, indispensable dans les sociétés, est aussi rare en politique qu'il est commun dans la vie privée, et le point de vue auquel les hommes s'y placent est toujours celui qui leur est personnel.

Cette passion se retrouve dans tous les jugements portés, et elle entraîne avec elle des résultats désastreux.

En effet, on ne reconnaîtra jamais qu'une mesure prise par un adversaire politique peut être bonne, et qu'elle donne, a donné ou donnera de bons résultats.

Il s'ensuit de là un perpétuel dénigrement de tout ce qui est la glorification d'un parti, par les membres du parti contraire, et une lutte perpétuelle contre le pouvoir quel qu'il soit.

Les grandes nations de l'Europe ont certaines choses sur lesquelles elles s'entendent toutes. C'est leur gloire nationale, leurs illustrations politiques, littéraires et artistiques. Et la nation tout entière ne fera qu'un cri, le jour où quelqu'un voudra attaquer l'une d'elles.

Eh! bien, en Espagne, l'attaque naît toujours du pays même, et ce sont les nations voisines qui rendent justice aux illustrations avant l'Espagne.

Je ne conçois pas comment on peut concilier le respect du passé et la fierté qu'on en tire, avec un sentiment tout opposé, lorsqu'il s'applique à ce qui se passe sous nos yeux. Les Espagnols ne permettent jamais à personne de rabaisser la grandeur de leur nation, et de nier l'éclat de leur prépondérance politique à l'époque de leurs grands souverains. Et aujourd'hui, à tout moment, ils s'élèvent eux-mêmes contre les faits qui bientôt constitueront les plus belles pages de leur histoire nationale.

Après la bataille de l'Alma, on prétend que si le maréchal Saint-Arnaud avait eu de la cavalerie, nous fussions entrés sans coup férir dans Sébastopol, que nous eussions ainsi évité une campagne de deux ans, beaucoup de sang versé et je ne sais quelle quantité de millions dépensés.

Je ne recherche pas jusqu'à quel point cette assertion est vraie, toujours est-il que c'est une opinion très-répandue en France. Avons-nous jamais eu l'idée de venir récriminer contre cette campagne, en discuter la gloire, compter les sommes dépensées, les généraux morts et les milliers d'hommes moissonnés dans toute leur force? Semblable idée nous est-elle jamais venue à l'esprit? Avons-nous compté sur nos doigts les millions qu'on devait nous payer comme indemnité de guerre, et supputons-nous quelles nouvelles provinces nous eussions pu demander à la Turquie en échange de ce protectorat terriblement effectif?

Eh bien! je soutiens que c'est une mauvaise action d'avoir écrit tant de brochures contre la guerre du Maroc. Et quoi qu'en disent les publicistes espagnols, dont les pages ont ému jusqu'aux Français les plus désintéressés dans la question, il est impossible que ces récriminations et ces attaques aient pris leur source dans le patriotisme.

Le peuple sait déjà ce que c'est qu'une croix, il n'ignore pas qu'un trône est formé de quatre morceaux de sapin recouverts d'un velours rouge : pourquoi lui prouver qu'un drapeau n'est qu'un morceau d'étoffe de soie bordé de crépines d'or?

Ce n'est pas ici le cas d'une réfutation sérieuse, mais au nom de quoi juger une expédition comme celle d'Afrique, en s'appuyant sur les œuvres théoriques du marquis de Santa-Cruz et de Vauban.

Je dis plus. — La campagne eût-elle été cent fois mal conduite, l'expédition eût-elle risqué cent fois de se voir arrêter dans les sables de la Libye ; eussions-nous assisté, sur ces mêmes plages où blanchissent les os des compagnons de don Miguel, à un désastre sauvé plus tard par un triomphe comme la prise de Tétuan, personne n'a le droit, en Espagne, d'élever la voix pour attaquer celui qui l'a conduite ; c'est faire œuvre d'iconoclaste, c'est briser ses dieux lares, c'est violer son propre foyer et porter la main sur ses ancêtres.

Les mères en deuil se taisent bien, elles !

Pourquoi ceux qui assistaient impassibles à ces luttes sanglantes et glorieuses, pourquoi ceux-là même qui criaient : En avant ! en avant ! et qui accusaient les chefs de faiblesse et d'indécision, viennent-ils aujourd'hui renier leur propre gloire, et déchirer une page du livre d'or de la nation?

Qui donc a-t-on convaincu? qui donc s'est laissé entraîner dans cette voie dangereuse? Non, Isabelle la Catholique n'a pas cru le génie sur parole! Non, vous n'avez pas doté le monde d'un monde nouveau ! Non, vous n'avez pas porté le Christ jusque dans les contrées les plus reculées! Non, vos flottes triomphantes n'ont pas promené, dans toutes les mers du globe, l'étendard aux lions de Castille.

Non, l'Armada n'était pas invincible! non, Fernand Cortès, Miguel Cervantes, Herrera, Rioja, Fray Luis de Léon, Vélasquez, Murillo, n'étaient pas des inspirés, mais bien des déshérités de l'art.

Comment punirez-vous tous ces anathèmes et ces sacriléges invectives.

Si vous avez trouvé un châtiment assez terrible pour l'impie qui a blasphémé contre ce que vous avez de plus pur et de plus grand dans les fastes de votre histoire, vous l'appliquerez à tous ceux qui oublient que pour les grands événements contemporains, c'est demain que commence la postérité.

Passons maintenant à l'examen des qualités de ce peuple, et signalons auparavant un fait qui se passe dans la Péninsule, qui a une grande importance dans le rôle que l'avenir lui réserve.

L'Espagne n'a pas de paupérisme réel, et ces hommes hâves qui viennent vous tendre la main sur les promenades ou les places publiques ne sont pas de cette famille dangereuse qui peut écrire sur son drapeau un jour d'insurrection : *nous voulons du pain.*

Enfin, cette haine profonde et ce germe d'envie qui fermentent au cœur de l'ouvrier contre la classe riche dans certains pays de l'Europe, sont entièrement inconnus dans la basse classe espagnole. Le pauvre coudoie l'homme opulent, il n'envie pas son sort et ne méprise pas sa personne; il sera même bienveillant pour lui sans jamais lui faire de ces concessions qui sembleraient faciles avec le prestige du luxe et du nom. Jamais donc la société ne craindra le débordement des classes qui souffrent, et la sécurité et la confiance règnent dans les hautes régions.

La race espagnole est vierge encore et réunit toutes ces belles qualités natives qui sont le don des races élevées. C'est un pays où brûle encore le flambeau de la foi, non pas celle qui se localise dans une confession ou dans un symbole, mais celle qui s'élance à la suite d'une idée sur les pas d'un inspiré, la foi civile, l'enthousiasme, l'honneur, les idées de gloire, le patriotisme, l'amour du sol natal, le désintéressement, toute cette séve qui circule aux veines des peuples doués d'une jeunesse éternelle et marqués au front d'un signe de rédemption.

L'homme y est ardent et fier, naïf et croyant, il connaît peu l'esprit de concession et ne sait pas se plier aux exigences sociales. Mais la souplesse est le fruit d'une civilisation trop avancée. Chevaleresque et se laissant facilement émouvoir aux mots de droit, de point d'honneur et de justice, il descendra dans l'arène sans sa cuirasse, et au lieu d'attendre froidement son ennemi pour profiter de ses fautes, il s'élancera avec une bouillante ardeur et la poitrine découverte. On a dit que jamais la France ne combattait sans une idée, et qu'elle n'attendait jamais qu'on payât ses services. Je le reconnais et j'en suis orgueilleux comme tout bon patriote. Mais outre que la nation espagnole, dans la mesure de ses forces, a déjà prouvé qu'elle était animée des mêmes sentiments, les idées généreuses l'émeuvent à un tel point, et son enthousiasme est tel, qu'elle se précipiterait dans de terribles complications, mue seulement par l'attrait du beau et du bien. Je ne sais quel parti politique agita naguère la question de défendre le pouvoir temporel du pape. Prise en soi, cette idée est une de celles qui remuent le plus fortement, je ne dirai pas l'Espagne (un peu trop désillusionnée peut-être), mais au moins une partie de l'Espagne. Calculez froidement les résultats d'une telle expédition de la part du gouvernement espagnol, quand les autres nations, qui d'ordinaire prennent l'initiative, se tiennent dans la neutralité, attendant que le nœud gordien soit dénoué.

N'avons-nous pas vu dernièrement, dans la question du Maroc, l'opinion publique égarée à ce point que la nation presque entière rêvait la conquête de l'empire? On ne parlait rien moins que de traverser victorieusement tous ces pays terribles où l'Européen trouve la mort sans combat. Or, dites-moi quel drapeau la nation arborait quand elle criait ainsi : Guerre sainte ! Fez ! Méquinez ! Le même drapeau que celui des croisades.

L'Espagne, j'entends la masse du peuple, manque de l'esprit pratique, comme tous ceux qui ont plus de cœur que de tête, ils poursuivaient donc un mirage trompeur ; ils se souvenaient de Cisnéros, des sanglantes injures des Maures. C'était un esprit de poésie qui les animait, ils évoquaient tout un monde de souvenirs.

Mais dans la vie réelle et dans la vie politique, la plus positive des vies réelles, il faut se défaire de ces élans de cœur, et compter froidement ses forces. La terrible doctrine de Talleyrand, appliquée à l'homme, devient désespérante et machiavélique : appliquez-la à la vie des peuples, c'est presque une règle générale de conduite, et personne ne blâmera le ministre ou le souverain qui la prendra pour *criterium*.

Quelquefois même, il faut sembler ne pas comprendre, ou ne pas entendre les injures, afin de les venger plus sûrement un jour.

Cette froideur, cette politique, ne vous attendez jamais à la trouver en Espagne. Insultez-la, et vous la verrez porter fièrement la main à la garde de son épée, comme un gentilhomme qui sent le rouge lui monter à la face.

Cette nation, j'en suis sûr, tenterait de résister seule, abandonnée à ses propres forces, à une puissante coalition. Et ce jour-là on la verrait se défendre comme une lionne et donner au monde ce grand spectacle qu'ont donné les armées de la première république française.

L'amour du sol natal, soutenu par les moyens que l'Espagne a acquis aujourd'hui, fait qu'on n'y subira jamais une invasion étrangère. Ce jour-là il y aurait encore une Espagne ; mais il n'y aurait plus d'Espagnols.

La diplomatie est en ce moment la force des

peuples, et nous savons tous ce qu'est la diplomatie. Un assemblage des qualités de fermeté et de conciliation gouvernées par un esprit d'habileté et de méfiance et par une réserve qui ressemblent un peu à celle de l'homme qui, l'épée à la main, tâte son ennemi sans l'attaquer franchement. Or, cet esprit habile, ni la nation espagnole, ni son gouvernement, ne le possèdent ; ils marchent droit et le front haut dans un grand chemin qu'ils viennent de se tracer, et n'entendent rien aux subtilités des tapis verts.

La raison d'État qui parle si haut en Angleterre, en Autriche et en Prusse, est plus silencieuse chez elle. Soyez sûre, si elle gagne des batailles diplomatiques, qu'il y a un Dieu pour les honnêtes gens, et ne vous attendez pas à la voir compulser de vieux parchemins pour réclamer des dettes après décès.

Si ce grand rêve caressé en France de la prépondérance de la race latine, doit se réaliser un jour (comme nous en avons la foi), nous nous appuierons loyalement sur notre voisine l'Espagne, et formerons ainsi un faisceau que les nations de l'Europe ne sauraient délier. Notre but est le même, nos instincts diffèrent peu, et une sympathie irrésistible et spontanée comme toutes les sympathies, unit les deux peuples.

Pourquoi faut-il que l'Espagne doute toujours de ses propres forces, et soit toujours prête à parler d'elle dans des termes qui s'accordent mal avec l'amour-propre national ? Pourquoi des hommes, comme des anciens ministres, des ambassadeurs, plus haut encore, disent-ils tout haut à la tribune, dans des manifestes, dans les colonnes des journaux officiels : « La nation espagnole était regardée comme une nation morte, chacun se croyait le droit de l'insulter. »

Nous ne nous rendons pas solidaires de l'opinion des autres nations, mais qui donc, chez-nous, a jamais songé à humilier l'Espagne? Rien qu'en disant, je suis Espagnol, l'étranger trouve ici accueil et bienveillance comme s'il disait, je suis un frère. Où donc avez-vous lu dans une brochure, dans un organe de notre presse, que l'Espagne fût morte? Nous avons déploré vos guerres civiles, nous avons gémi de vos maux parce que, nous aussi, nous connaissons l'horreur de ces luttes fratricides. Nous vous avons plaint de dépenser contre vous mêmes des forces qui auraient pu concourir à l'éclat de la nation. Sans doute, mais nous avons applaudi à vos triomphes, et nous avons tressailli d'aise le jour où vous avez planté le drapeau de Castille sur l'Alcasabah.

Et de plus, pourquoi ces craintes vaines, pourquoi cette méfiance à l'égard d'un peuple ami ? Je parlerai sans périphrase. Les hommes les plus éminents du gouvernement espagnol actuel ont murmuré les noms : îles Baléares et frontières de l'Ebre. Mais tout cela n'est qu'un fantôme comme tous ceux suscités depuis quelque temps. Cette pensée, en France, n'a pu germer que dans des esprits malveillants. Et vous tous, amants de la patrie, l'avez accueillie, la poitrine haletante et la tête exaltée, vous avez envoyé inspecter vos côtes, vous avez armé vos forts. Je ne saurais blâmer ce patriotisme. Mais gardez pour de vrais ennemis cette sainte flamme. S'il ne vous a pas suffi d'une dénégation à la face du monde, comme celle qui vous a été donnée, consultez vos propres intérêts, puisque c'est aujourd'hui la loi humaine, et vous verrez qu'ils sont bien loin de là.

Il est toujours doux au cœur d'une nation amie de voir sa voisine se lever, et, convalescente d'un grand mal qui la rongeait, faire un immense effort couronné de succès, puis en tenter immédiatement un second.

Les enfantements des peuples sont laborieux toujours et les renaissances sont lentes quelquefois. Mais je ne sais pas de spectacle plus intéressant que celui d'une nation se souvenant d'avoir été grande dans son passé pour s'efforcer d'être grande dans son avenir. L'Espagne est fière, et n'a besoin que de ses propres forces pour remonter sur le haut piédestal qu'elle s'était élevé elle-même, mais à défaut d'un aide qu'elle refuserait, les sympathies et les applaudissements ne lui manqueront pas ; elle les acceptera, de la part de la France, comme elle les lui offre, c'est-à-dire, avec gratitude et sincérité.

TABLE DES MATIÈRES.

La Société espagnole. 1

Le Soldat. 45

L'Artiste. 101

L'Industriel. 129

L'Artisan. 149

La critique française en Espagne. 187

Conclusion. 245

Paris. — Imprimé par E. Thunot et Cie, rue Racine, 26.

www.ingramcontent.com/pod-product-compliance
Ingram Content Group UK Ltd.
Pitfield, Milton Keynes, MK11 3LW, UK
UKHW020131130726
13696UKWH00001B/299